高等职业教育新形态系列教材

民航法规与实务
Civil Aviation Regulations and Practices

主　编　王　玫
副主编　陆虹杏　智小冬　杨　桃
参　编　朱莹莹

北京理工大学出版社
BEIJING INSTITUTE OF TECHNOLOGY PRESS

内 容 提 要

本书依据高等院校人才培养目标及教学特点进行编写,在语言表述上,做到通俗易懂;在内容安排上,既注重基本概念的介绍,又强调理论联系实际。全书共分为九个模块,主要包括民航法概述、航空器管理法律制度、航空人员管理法律制度、航空机场管理法律制度、公共航空运输管理法律制度、航空事故救援和事故调查、对地(水)面第三人损害赔偿责任、航空保险法律制度和航空安保法律制度。

本书可作为高等院校民航运输类相关专业的教材,也可作为民航从业人员的培训用书。

版权专有　侵权必究

图书在版编目(CIP)数据

民航法规与实务 / 王玫主编. -- 北京：北京理工大学出版社，2022.5（2022.6重印）
ISBN 978-7-5763-0568-5

Ⅰ.①民… Ⅱ.①王… Ⅲ.①民用航空－航空法－中国－高等学校－教材 Ⅳ.①D922.296

中国版本图书馆CIP数据核字（2021）第219525号

出版发行 / 北京理工大学出版社有限责任公司
社　　址 / 北京市海淀区中关村南大街5号
邮　　编 / 100081
电　　话 /（010）68914775（总编室）
　　　　　（010）82562903（教材售后服务热线）
　　　　　（010）68944723（其他图书服务热线）
网　　址 / http://www.bitpress.com.cn
经　　销 / 全国各地新华书店
印　　刷 / 河北鑫彩博图印刷有限公司
开　　本 / 787毫米×1092毫米　1/16
印　　张 / 14.5　　　　　　　　　　　　　责任编辑 / 钟　博
字　　数 / 300千字　　　　　　　　　　　　文案编辑 / 钟　博
版　　次 / 2022年5月第1版　2022年6月第2次印刷　　责任校对 / 周瑞红
定　　价 / 48.00元　　　　　　　　　　　　责任印制 / 边心超

图书出现印装质量问题，请拨打售后服务热线，本社负责调换

前言

航空法是 20 世纪初随着飞机的发明和航空科学技术的发展而逐渐形成的一门新兴法律学科。航空法分为国内航空法和国际航空法两大部分，分属于不同的法律体系。国内航空法是国家的重要法律，它是以《中华人民共和国民用航空法》为基础的一系列法律、法规、规章标准构建起来的法律体系。

当前，我国民航业缺乏既通晓现代民航技术管理又熟悉相关法律法规的复合型人才，培养大量兼备民航技术和法律知识的高素质操作型人才是社会所需，是职业类学校义不容辞的职责。本书秉持理论适度够用、注重联系实际的原则，创建了一套实用好用的教材体系，促使学生在实践中认知、在互动中思考，从而达到乐学、好学的目的，力求培养打造一支规模适度、结构优化、布局合理、素质优良的民航业人才队伍。教材表现手段新颖有趣，每个模块前均设置了知识目标、技能目标、素质目标、案例导入等栏目，书中穿插"微课堂"和"知识链接"，设置二维码供扫描阅读，提升学生的学习兴趣；模块后设置了课后练习、思考题，以及相应的课后实训项目，并配套开发信息化资源，使学生理论联系实际，强调学生职业岗位工作任务的胜任度，做到"实用、适用"。

本书由成都航空职业技术学院副教授、法律硕士王玫任主编，由成都航空职业技术学院陆虹杏、国航培训部西南分部原副总经理智小冬、国航西南分公司客舱部副总经理杨桃任副主编，江西现代职业技术学院朱莹莹参编。全书共分为九个模块，具体分工如下：王玫编写模块一、三、四、五、六、七，陆虹杏编写模块二、八，朱莹莹编写模块九，智小冬和杨桃作为企业专家负责提供企业案例及对教材内容进行指导，充分实现校企合作开发"双元"教材的目的。全书由王玟统稿。

  本书在编写的过程中参考或引用了国内外有关方面的论著和资料，吸收了部分专家、学者的观点或成果，编者已尽可能地在参考文献中列出，谨在此深表感谢。由于时间仓促，加上理论水平有限，书中难免存在不妥之处，敬请读者批评指正。

编   者

微课：课程整体设计

  为了给相关专业的院校师生提供更多增值服务，我们特意开通了"建艺通"微信公众号，对教材配套资源进行统一管理，并提供行业资讯及配套资源下载服务。如果您在使用本教材的过程中有任何建议或疑问，可通过"建艺通"微信公众号向我们反馈。

"建艺通"微信公众号

目 录

模块一 民航法概述 001

单元一 民航法的基本概念 ················· 003
 一、民航法的定义 ················· 003
 二、民航法的分类 ················· 004

单元二 民航法的调整对象及特点 ················· 005
 一、民航法的调整对象 ················· 005
 二、民航法的特点 ················· 005

单元三 民航法的渊源及发展历程 ················· 007
 一、民航法的渊源 ················· 007
 二、民航法的发展历程 ················· 008

单元四 航空法律体系 ················· 011
 一、国际航空法律体系 ················· 011
 二、我国航空法律体系 ················· 014

模块二 航空器管理法律制度 018

单元一 航空器概述 ················· 020
 一、航空器的定义 ················· 020
 二、航空器的分类 ················· 020
 三、航空器的法律地位 ················· 021

单元二 航空器的国籍 ················· 022
 一、航空器国籍的法律意义 ················· 022
 二、航空器国籍的登记制度 ················· 023
 三、航空器登记国的权利和义务 ················· 026

单元三 民用航空器的权利 ················· 027
 一、民用航空器所有权 ················· 027
 二、民用航空器抵押权 ················· 030
 三、民用航空器优先权 ················· 032
 四、民用航空器租赁 ················· 035
 五、民用航空器权利登记制度 ················· 038

单元四 民用航空器适航管理 ················· 039
 一、民用航空器适航管理的概念及特点 ················· 039
 二、民用航空器适航管理的分类 ················· 040

三、民用航空器适航管理的工作内容 041
四、违反适航管理规定的法律责任 042

模块三 航空人员管理法律制度 045

单元一 航空人员的基本概念 047
　一、航空人员的定义 047
　二、航空人员的法律责任 047
单元二 航空人员的资格与条件要求 048
　一、航空人员的资格 048
　二、航空人员的体检要求 055
　三、航空人员的作息时限 058
单元三 机组与机长的法律规定 064
　一、机组的组成 064
　二、机长的法律地位 064
　三、机长的资格要求 064
　四、机长的权力与职责 065
　五、机组的法律责任 070

模块四 航空机场管理法律制度 073

单元一 机场概述 075
　一、机场的定义和构成 075
　二、民用机场的分类 076
　三、民用机场的管理法规 076
单元二 民用机场的使用与管理 078
　一、民航局对民用机场的使用与管理职责 078
　二、民用机场使用许可的一般规定 078
　三、民用机场使用许可证的申请条件 079
　四、民用机场使用许可证的审查与颁发 081
　五、民用机场使用许可证的变更及换发 081
　六、民用机场的名称管理 082
　七、国际机场的设立 083
　八、国际机场联检制度 084
单元三 民用机场的安全检查 086
　一、民用机场安全检查概述 086
　二、民航机场安检工作的相关规定 087

模块五 公共航空运输管理法律制度 094

单元一 公共航空运输概述 096
　一、公共航空运输的概念 096
　二、公共航空运输的分类 096
　三、公共航空运输的特点 097
单元二 公共航空运输合同 099
　一、公共航空运输合同的概念及特征 099
　二、公共航空运输合同的分类 100
　三、公共航空运输合同的构成 101
　四、公共航空运输合同的成立、生效和完成 104
　五、公共航空运输合同的变更和解除 104
单元三 航空运输凭证 106
　一、客票 106
　二、行李票 107
　三、航空货运单 108
单元四 承运人的责任 112
　一、对旅客人身伤亡的责任 112
　二、随身携带物品或者托运行李毁灭、遗失或者损坏的责任 112
　三、航班延误 113
　四、承运人的赔偿责任限额 117
　五、损失的诉讼和异议 118

模块六 航空事故救援和事故调查 124

单元一 民用航空器事故征候 126
　一、运输航空严重事故征候 126
　二、运输航空一般事故征候 127
　三、运输航空地面事故征候 129
　四、通用航空事故征候 129
单元二 民用航空器搜寻援救 131
　一、民用航空器搜寻援救的含义 131
　二、民用航空器搜寻援救的区域及对象 131
　三、民用航空器搜寻援救的组织机构 132
　四、民用航空器搜寻援救的准备 132
　五、民用航空器搜寻援救的实施 134
单元三 民用航空事故家属援助 137
　一、民用航空事故家属援助立法概述 137
　二、民用航空事故家属援助组织机构 138

三、民用航空事故家属援助原则 138
　　四、公共航空运输企业的家属援助 139
　　五、民用机场的家属援助 140
单元四　民用航空器事故调查 141
　　一、民用航空器事故调查的原则 141
　　二、民用航空器事故调查的组织 141
　　三、民用航空器事故调查的程序 144
　　四、民用航空器事故调查的报告 148

模块七　对地（水）面第三人损害赔偿责任　153

单元一　对地（水）面第三人损害赔偿责任概述 ... 155
　　一、对第三人损害的概念 155
　　二、对第三人损害责任的性质 155
　　三、对地（水）面第三人损害侵权行为的
　　　　构成事件 156
单元二　对地（水）面第三人损害赔偿责任原则 ... 158
　　一、1952年《罗马公约》的主要规定 158
　　二、《民用航空法》的主要规定 160
单元三　对地（水）面第三人损害赔偿责任范围 ... 161
　　一、1952年《罗马公约》的主要规定 161
　　二、《民用航空法》的主要规定 162
单元四　经营人责任的保险和担保 163
　　一、1952年《罗马公约》的主要规定 163
　　二、《民用航空法》的主要规定 166
单元五　对地（水）面第三人损害赔偿的诉讼 167
　　一、1952年《罗马公约》的主要规定 167
　　二、《民用航空法》的主要规定 170

模块八　航空保险法律制度　173

单元一　航空保险概述 175
　　一、航空保险的概念 175
　　二、航空保险的目的和意义 175
　　三、航空保险的特点 176
　　四、航空保险的分类 176
单元二　航空保险的种类 178
　　一、航空器机身险 178
　　二、承运人法定责任险 179
　　三、航空人身意外伤害险 181

四、机场责任保险 …………………………………… 184
　　五、航空货物运输险 …………………………………… 185
　　六、其他航空保险 …………………………………… 186
单元三　航空保险理赔及保险争议的处理………… 187
　　一、航空保险理赔 …………………………………… 187
　　二、航空保险争议的解决 …………………………………… 190

模块九　航空安保法律制度　194

单元一　航空安保法律概述 …………………………… 196
　　一、航空安保的概念 …………………………………… 196
　　二、民用航空安保法律的渊源 …………………………………… 196
单元二　国际民航安保公约体系 …………………… 197
　　一、1963年《东京公约》 …………………………………… 198
　　二、1970年《海牙公约》 …………………………………… 201
　　三、1971年《蒙特利尔公约》 …………………………………… 204
　　四、1988年《蒙特利尔议定书》 …………………………………… 205
　　五、后"9·11"时期公约体系的发展 …………………………………… 206
单元三　我国民航安保法律体系 …………………… 209
　　一、《刑法》《民用航空法》有关安保工作
　　　　的规定 …………………………………… 209
　　二、《治安管理处罚法》有关安保工作的规定 … 213
　　三、《民用航空安全保卫条例》主要内容 …… 214

参考文献 ………………………………………………… 220

模块一

民航法概述

1. 理解民航法的定义及特点；
2. 熟悉民航法的分类与调整对象；
3. 了解民航法的渊源及发展历程；
4. 掌握民航法律国际和国内体系的构成。

1. 对民航法有初步认识；能够分析经济生活中法律关系的构成要素；
2. 能够理解并结合实际运用民航法基础知识理论讲述和分析问题，关注社会热点问题。

1. 弘扬社会主义核心价值观，以"三个敬畏"为内核，保卫国家安全；
2. 逐步有意识地建立科学正确的法制观，树立良好的人生观和职业道德。

  莫斯科时间1987年5月28日，19岁的联邦德国青年鲁斯特驾驶一架美国制造的"赛斯纳172型"运动飞机，从芬兰首都赫尔辛基出发进入苏联领空，并于傍晚7时30分出现于莫斯科红场上空。飞机擦着列宁墓顶飞过，降落在一座教室旁边。9月4日苏联最高法院对鲁斯特进行了审判。鲁斯特在审判中承认侵犯了苏联领空主权，但辩解说其目的是执行和平使命，会见苏联领导人和公众，他也承认在红场降落后只向围观的苏联人讲述他从赫尔辛基飞来，路上躲避苏联的防空设备的经历，而没有提到执行和平使命。苏联最高法院审理后，根据苏联的法律，宣判其犯有非法进入苏联国境、违反国际飞行规则和恶性流氓罪，判处鲁斯特在普通劳改营服刑4年。此判决为终审判决。此后，经联邦德国政府多次交涉后，苏联最高苏维埃主席团于1988年3月3日决定提前释放鲁斯特，并立即驱逐其出境。

  案例思考：什么是领空主权原则？国家对其领空享有主权的国际法依据是什么？

民用航空业是国家综合交通运输体系的重要组成部分，是国民经济的先导性基础行业。民用航空的发展，是国家现代化的重要标志和社会进步的重要窗口。我国的民航事业始于 1910 年，经过一个多世纪的曲折、断续和最近 20 年的快速发展，服务能力不断提升，安全水平不断提高，行业规模不断扩大，已经成为世界第二大航空运输系统，使我国成为仅次于美国的世界第二航空大国，并正在向着世界航空强国发展，为我国改革开放和社会主义现代化建设做出了贡献。

微课：法律意识培养

单元一　民航法的基本概念

一、民航法的定义

尽管诸多航空法学者对航空法的名称各持己见，但目前普遍采用的是国际民用航空组织使用的术语，英文是"air law"，中文是"航空法"，指的是关于航空器运行及民用航空活动的法律规范的总和，不包括无线电传播和外层空间的活动。"航空法"是广义上的统一名称，狭义上的名称各国不尽相同，多数国家称之为"航空法"，少数国家称之为"民用航空法"，个别国家称之为"航空商业法""航空法典"等。我国称之为"民用航空法"。

"航空"是指任何器械凭借空气的支撑力，在空气空间运行的活动，也称"空中航行"。要实施航空，通常须具备下列 4 项基本要素：

（1）航空要有赖于活动的场所。这种场所就是空气空间，即所谓的空域。

（2）航空要有适合飞行的工具，这就是航空器。

（3）航空要有合格的人员方能施行。这类合格的人员被称为航空人员。

（4）航空要有地面设施予以保障。地面设施主要指机场和空中交通管制、导航设施，包括电信、气象等服务，以保障航空器安全地起飞、降落和飞行。

具备了上述 4 项基本要素，航空才能得以进行，但要保证人类社会正常进行航空活动，还必须调整好航空活动所产生的各种社会关系（如安全防卫、旅客与承运人、机场与周边居民等），建立起保证航空活动的正常秩序。把这种关系调整和正常秩序制度化与规范化，并上升为法律，便形成了航空法。

> **微课堂**
>
> **《中华人民共和国民用航空法》**
>
> 民航法是为了维护国家的领空主权和民用航空权利，保障民用航空活动安全和有秩序地进行，保护民用航空活动当事人各方的合法权益，促进民用航空事业的发展而制定的法律。

《中华人民共和国民用航空法》（以下简称《民用航空法》）由第八届全国人民代表大会常务委员会第十六次会议1995年10月30日经审议通过，自1996年3月1日实施。当前版本于2021年4月29日第十三届全国人民代表大会常务委员会第二十八次会议修改。

二、民航法的分类

民航法分为国内民航法和国际民航法两大部分，分属于不同的法律体系。国内民航法是国家的重要法律，涉及领空主权的宣告及其空域管理制度，规范民用航空行政管理行为，调整民用航空活动产生的民商法律关系，还涉及采用刑法手段保护民用航空的安全问题。国际民航法是国际法的重要组成部分，它确立了领空主权原则，调整国家之间开展民用航空活动所产生的社会关系。

> **知识链接**
>
> **国际民航法的分类**
>
> 第一类："航空公法"，以《芝加哥公约》为主，处理民用航空有关国家之间及国际关系和事物。
>
> 第二类："航空私法"，以《华沙条约》为核心的华沙体系，是处理在国际航空中承运人和乘客及货主之间的责任的法规。
>
> 第三类："航空刑法"，以《东京公约》及《海牙公约》和《蒙特利尔公约》为代表，处理航空器上的犯罪行为。

单元二　民航法的调整对象及特点

一、民航法的调整对象

民航法的调整对象是航空活动及其相关领域中产生的各种社会关系。要研究各种民航法律制度，首先应该明白具体的民航法律关系。民航法律关系是指由民航法律规范所调整的、在航空活动中基于一定法律事实而产生的、具有权利义务内容的社会关系。其中，民航法律规范是民航法律关系发生的根据，民航法律关系是民航法律规范对航空活动进行调整并基于一定法律事实而发生的结果。

民用航空法调整的社会关系表现：因航空器的使用和管理引起的社会关系；因民用机场的建设、使用和管理引起的社会关系；对空中交通进行管理引起的社会关系；因国际、国内航空运输及通用航空活动引起的社会关系；航空保险关系；民用航空安全的保障等。

微课：三个敬畏原则

二、民航法的特点

民航法的专业性、技术性很强，具有明显的国际性、独立性、综合性及平时性的特点。

1. 国际性

空气空间的立体存在性，无有形边界，无海洋与高山、河流阻隔，这种航空的特殊性决定了民航法的国际性；欧洲中小国家林立，航空被当成国际间最有效的交通工具，欧洲学者以及国际法学界通常认为民航法就是国际民航法；航空活动的国际性要求建立口岸、海关制度，也使它成为国际法的缩影：主权、管辖权、领土、国籍、国家之间及与国际法律实体之间的关系，统一私法及许多法律冲突等。

2. 独立性

民航法的独立性是指民航法自成一类，成为一个独立的法律部门。民用航空活动的特殊性是民航法得以独立的现实基础，民航法因调整对象的独特性而得以成为独立的法学学科。民航法既是国际法一般理论、原则、规则和方法的延伸与运用，同时又根据航空活动的特性实践，逐步演化、形成适应其特性的具体原则、规则和方法。民航法深受海商法和海洋法的影响。在国际民航法设立之初，许多规则是从海洋法与海商法类推或引入的。民航法与外层空间法是相互独立的两个法律体系。随着航空航天飞机的出现和空间活动的商业化，以及利用空间技术为航空器导航和定位等情况的出现，民航法与外层空间法之间的关系越发密切。

由于人类在空间活动的性质和范围的不同，空间可分为空气空间和外层空间两层。航空器在一定的空气空间活动，空间是地面的上空，外层空间是国家主权范围以外的整个空间。确定外层空间法律地位的两个原则：一是外层空间供各国自由探索和使用；二是外层空间不得为任何国家所占有。外层空间法是人类探索宇宙、适应空间科学技术迅速发展的产物，是规范和调整国际空间活动的准则，与民航法是相互独立的两个法律部门。

3. 综合性

民航法的综合性是指调整民用航空及其相关领域中产生的社会关系的各种法律手段纵横交错，法律调整的方法多样化。公法是指协调国家之间的法律规范。传统的国际法是指国际公法，即协调国家之间的法律规范。就航空活动而言，首先要解决的是公法问题，诸如主权、领土、国籍、国家关系等。《芝加哥公约》《东京公约》《海牙公约》和《蒙特利尔公约》都属公法性质。而就国际私法而言，传统的称为"法律冲突法"，即一国国内法中的涉外民法（即通过国际条约各国在私法某些领域中实行统一规则）。

民用航空活动还应解决私法问题，诸如财产权利、损害赔偿、合同法、侵权行为法等。在这些问题上，各国法律规则差别巨大、冲突突出。因此，国际上采取统一原则和规则是国际航空运输的前提条件。

> **课堂小提示**
>
> 在处理与民用航空法有关的事宜时，应按照"特别法优于一般法"的原则，首先适用民航法，若民航法没有规定的，则适用有关的其他法律。

4. 平时性

民航法以民用航空为其规定内容，不包括军事、警察、海关部门的航空器，以及作为武器和军事用途使用的航空器。

《国际民用航空公约》（即《芝加哥公约》）第三条第一、二款规定：

（1）本公约仅适用于民用航空器，不适用于国家航空器。

（2）用于军事、海关和警察部门的航空器，应认为是国家航空器。

第八十九条规定：如遇战争，本公约的规定不妨碍受战争影响的任一缔约国的行动自由，无论其为交战国或中立国。如遇任何缔约国宣布其处于紧急状态，并将此事通知理事会，上述原则同样适用。

单元三　民航法的渊源及发展历程

一、民航法的渊源

民航法的渊源是民航法的组成和具体的表现形式，即民航法的形式渊源。民航法的渊源主要有国际条约、国际惯例、国内法及司法判例、国际法的一般原则和习惯国际法，以及具有一定法律效力的其他文件。

1. 国际条约

国际条约是国际法主体间相互交往的最普遍的法律形式，是国家及其他国际法主体间所缔结而以国际法为准则，并确定其相互关系中的权利和义务的一种国际书面协议。国际公约对缔约国有约束力，缔约国必须遵守条约，承担条约规定的义务。国际公约可以分为多边国际公约（包括议定书）、双边航空协定和多边航空协定等。

（1）多边国际公约。国际条约以国际公约为主。民用航空方面有30多个国际公约，有的已经失效，正在生效并普遍使用的有三大体系共五大公约。三大体系是指芝加哥体系、华沙体系、航空刑法体系；五大公约是指《芝加哥公约》《华沙公约》《东京公约》《海牙公约》和《蒙特利尔公约》。议定书作为对公约的修改补充文件，也是一种重要的国际条约。

（2）双边航空协定。双边航空协定的主要内容是交换过境权和营运权，确定航路、运力和运费价格。由于民航公约只能解决国际空中航行中的原则性和基本问题，其到目前为止形成的19个附件也是国际标准和建议性措施。所以，国家和国家之间仍然需要就更为具体的航空运输法律问题进行双边磋商，形成协定。

2. 国际惯例

国际惯例是在国际交往中逐渐形成的一些习惯做法和先例，最初被某些国家长期反复使用，后来被各国普遍接受并被承认法律效力。随着我国航空事业的发展并已形成四通八达的航空网络，在实践中难免会出现一些问题，而我国法律与缔结或者参加的国际公约又没有对此进行规范的，或者有疑问时，可以援引国际惯例进行解释。在此情况下，适用国际惯例是必要的。

> **课堂小提示**
>
> 应当特别指出的是，适用外国法律或者国际惯例，不得违背一国的社会公共利益。

3. 国内法

国内法是一国航空活动特别是国内民用航空活动中的重要渊源。有的国家颁布了专门的民航法，如我国颁布了《民用航空法》，是中华人民共和国成立以来第一部规范民用航空活动的法律，对维护国家的领空主权和民用航空权，保障民用航空活动安全和有秩序地进行，保护民用航空活动当事人各方的合法权益，促进民用航空事业的发展，提供了强有力的法律保障。此外，国务院还颁布了大量的行政法规。我国民用航空局作为政府主管部门更是颁布了内容繁多、范围广泛的规定和其他规范性文件，为保障我国民用航空事业健康安全发展，提供了法律保障。此外，我国其他法律部门的法律法规也有涉及民用航空活动的规定。

4. 司法判例

司法判例是确定法律规则的辅助手段，在民航法中具有一定的重要性。例如，在判例法国家，国内法院对解释1929年《华沙公约》条款的决定，具有深远影响，可能成为民航法的渊源。我国作为成文法的国家，判例虽然没有法律效力，但在实践中对案件审理具有参考价值。

5. 国际法的一般原则和习惯国际法

民航法作为国际法的一个门类，要受到国际法一般原则和习惯国际法的制约。联合国宪章，国际法中有关条约法的规则，对民航法同样适用，如条约的缔结、批准、生效、修改、加入、退出、解释等规则，以及条约的继承等问题。

国际法中的海洋法、海商法和外空法中的许多规则被借鉴到民航法中。在国际条约中没有明确的内容，一旦形成国际惯例，也具有一定的法律效力。

6. 具有一定法律效力的其他文件

一些具有一定法律效力的其他文件也是民航法的形成和发展的直接或间接的渊源，如国际组织的立法文件，最直接的就是国际民用航空组织和国际航空运输协会的立法文件。一些区域性国际组织，如欧洲民航会议，在国际立法中也起过重要作用。

二、民航法的发展历程

民航法的发展经过萌芽、活跃、不断成熟与完善的三个时期。

1. 民航法的萌芽时期

在第一次世界大战以前，人类的航空活动基本处于实验阶段。当时的热气球、滑翔机、简易飞机的各种性能还不稳定与成熟，除执行军事使命外，还谈不上作为运输工具运送旅客、货物和邮件。这个时期，各国尤其是英、法两国在国内做了一些立法，但不系统，还谈不上成套规则。但航空活动的每一次进步都为后来民航法的颁布奠定了基础。

1783年，法国，蒙特高尔夫兄弟制造的可用于运载的热气球升空。第二年，巴黎市政当局发布了治安法令：未经批准，不得放飞。这大概是人类历史上第一个航空法令。

1819年，法国塞纳省第一次制定了空中航行安全规章，规定气球载人要配备降落伞；在农民收割农作物之前禁止气球飞行。

1889年，法国邀集巴西、美国、英国、俄罗斯、墨西哥等28国代表集会讨论航空问题。

1899年，第一次海牙和平会议通过了《禁止在轻气球上投放炮弹及炸裂品宣言》。

1900年，法国法学家保罗·福希叶（Paul Fauchille）向国际法学会提出，需要制定一部国际空中航行法典。1902年，他应国际法学会的要求，提出了第一部国际航空法典草案——《浮空器的法律制度》。

1903年，美国的莱特兄弟成功地飞起一架有动力装置的重于空气的航空器——飞机。

1904年，苏联在其领空击落了德国的热气球——领空主权的保护。

1910年，巴黎，第一次国际空中航行会议，因政治分歧未果，但公约草案所提出的很多关键性词汇、概念乃至条文，被后来的国际公约所采纳，至今未变。同时促使各国颁布了首批空中航行管理法令。

由于当时的飞行器性能不稳定、不成熟，还不能安全搭载客货及邮件，各国均未制定民航法方面的成套规则。但是，这一时期产生了若干民航法判例和论著。

随着人类航空活动在一定空气空间的展开，民航法也开始萌芽。但真正意义上的民航法是第一次世界大战后的产物。

2. 民航法的活跃时期

第一次世界大战后，随着民用航空发展前景的逐渐明朗，出现了国际航空立法的第一次高潮。这个时期形成的国际文件，为后来的国际航空发展奠定了良好的基础。

1919年10月，巴黎和会上，顺利地制定了第一个国际航空法典——《空中航行管理公约》（通称"1919年《巴黎公约》"）。这一公约在民航法发展史上具有开元性的重要地位。其意义在于，它是国际民航法的第一个多边国际公约，确立了领空主权原则，为国际空中航行的法律制度奠定了基础。它被誉为"民航法的出生证"，标志着民航法的正式形成，表明了"民航法是二十世纪的产物"。

1925年，以欧洲为主的43国在巴黎举行第一次航空私法国际会议，这次会议产生了"航空法专家国际技术委员会"，相当于现在国际民航组织的"法律委员会"。

1926年，西班牙由于不满巴黎公约中的某些规定，拉拢20个拉丁美洲国家，另行签订了一个《利比里亚——美洲航空公约》，其基本规则与《巴黎公约》雷同。

1928年，美国也因对巴黎和会不满，与美洲国家签订了《泛美商业航空公约》（通称《哈瓦那公约》），除商业权利方面稍为详细外，其他基本规则与《巴黎公约》雷同。

1929年10月，在华沙召开的第二次国际航空私法会议上，制定了至今仍在有效运转的《统一国际航空运输某些规则的公约》(通称"1929年《华沙公约》")。这个公约相当完备地规定了运输凭证和航空承运人责任的一整套国际统一规则。即使在整个国际私法领域,它也堪称统一规则的成功之作。至2000年11月30日止,已有149国批准或加入了该公约,我国也于1958年7月20日加入。

1933年,在罗马制定了《统一关于飞机对地(水)面第三者造成损害的某些规则的公约》(通称"1933年《罗马公约》")。加入的国家一直比较少,只有36个,多为欧洲国家,且英国、美国、苏联、加拿大等航空大国未批准,此公约不太成功,我国未加入。

3. 民航法的不断成熟与完善时期

1944年11月1日至12月7日在芝加哥召开了国际民用航空会议。

美国总统罗斯福出面邀请同盟国和中立国出席会议,除德意日等"轴心国"没有资格派代表出席,苏联因不满某些中立国没有派代表出席外,实际与会的共52国,这是航空法发展史上规模空前而影响最为深远的盛会。这次会议的主要成就是制定了被称为国际民航宪章的《国际民用航空公约》(通称"1944年《芝加哥公约》")。该公约取代了1919年《巴黎公约》和1928年《哈瓦那公约》,并废止一切与该公约相抵触的协议。因此,《芝加哥公约》是现行国际航空法的基础文件。至2000年11月3日止,共185个国家批准或加入了该公约。我国也于1974年2月15日承认了该公约。

1948年,《关于国际承认对飞机权利的公约》(通称"1948年《日内瓦公约》"),加入的国家一直比较少,只有48个,多为欧洲国家,且英国、美国、苏联、加拿大等航空大国未批准,此公约不太成功,我国未加入。

1952年,在罗马制定了《外国航空器对地(水)面第三方造成损害的公约》(通称"1952年《罗马公约》",该公约生效后,1933年的《罗马公约》自动废止)。加入该公约的国家一直比较少,只有36个,多为欧洲国家,且英国、美国、苏联、加拿大等航空大国未批准。由于该公约不太成功,我国未加入。

1955年《海牙议定书》、1961年《瓜达拉哈拉公约》、1966年《蒙特利尔协议》、1971年《危地马拉议定书》、1975年四个《蒙特利尔议定书》,修改补充《华沙公约》。

1963年9月14日在东京签订《关于在航空器上犯罪及其某些行为的公约》(通称"1963年《东京公约》")。

拓展阅读:《蒙特利尔公约》第一案陷僵局

1970年12月16日在海牙签订《制止非法劫持航空器公约》(通称"1970年《海牙公约》")。

1971年9月23日在蒙特利尔签订《制止危害民用航空安全的非法行为公约》(通称"1971年《蒙特利尔公约》")。

从20世纪70年代中期到80年代,除在双边航空协定方面出现若干新的发展外,国际民航法似乎又进入了一个相对稳定或成熟的阶段。

> **课堂小提示**
>
> 20世纪90年代开始，航空立法领域再度活跃起来，但对传统规则的变更，仍然还需要一段时间。

单元四　航空法律体系

民航法作为国际法和国内法的有机组成部分，其调整对象是与民用航空有关的活动，内容涵盖公法和私法。涉及范围：领空主权、航空器国籍、航空器适航、航空器权利、人员执照、运输凭证、赔偿限额、空中规则、空中交通服务、通信气象导航保障、搜寻援救、事故调查、航空犯罪、海关移民检疫等。

一、国际航空法律体系

航空活动首要解决的是公法问题，如飞行管理、空域管理、民用航空安全方面的法律规范。就国际民用航空活动而言，还会涉及主权、领土、国籍、国家关系等法律问题。国际航空公法的构架如图1-1所示。

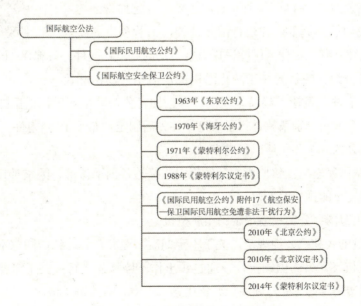

图1-1　国际航空公法的构架

在私法领域内，民航法涉及对公共航空运输企业、公共航空运输中的运输凭证、承运人责任以及对地（水）面第三人损害的赔偿责任等法律问题。国际航空私法体系如图1-2所示。

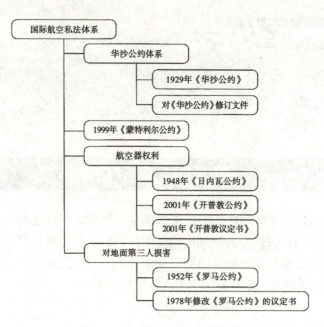

图 1-2 国际航空私法体系

1. 国际民用航空公约

国际民用航空组织于 1944 年 12 月 7 日通过《国际民用航空公约》，因其在美国城市芝加哥签订，所以又称其为《芝加哥公约》。该公约自 1947 年 4 月 4 日起生效。《芝加哥公约》是有关国际民用航空最重要的现行国际公约，为管理世界航空运输奠定了法律基础，被称为国际民用航空活动的宪章性文件。

微课：国际航空公约

《芝加哥公约》的目的在于防止滥用民用航空，使国际民用航空安全、有序、健康、经济地发展。《芝加哥公约》生效后，根据国际航空运输的发展变化，多次对个别条款进行了修订，并先后制定颁布了 18 个附件。

《芝加哥公约》主要包括以下内容：

（1）确认国家航空主权原则：公约规定，缔约各国承认每一国家对其领土之上的空气空间具有完全的排他的主权。

（2）适用范围：公约只适用于民用航空机。

（3）飞机的权利：公约规定，关于不定期航空业务，各缔约国同意不需要事先批准——飞机有权飞入另一国领土，或通过领土作不停降的飞行；关于定期航班，则需要通过签订双边协定的方式，才得以在该国领土上空飞行或进入该领土。

（4）国家主权：公约规定，各缔约国有权拒绝外国飞机在其国内两个地点之间经营商业性客货运输，以及因军事需要或公共安全的理由可以设置飞行禁区。

（5）设立国际民用航空组织：为及时处理因民用航空迅速发展而出现的技术、经济及法律问题，设立国际民用航空组织作为公约的常设机构。公约规定了该机构的名称、目的，以及大会、理事会、航空委员会等的组成与职责。

（6）争议和违约：公约规定，缔约国发生争议可提交理事会裁决，或向国际法庭上诉；对空运企业不遵守公约规定者，理事会可停止其飞行权；对违反规定的缔约国，可暂停其在大会、理事会的表决权。

课堂小提示

我国是《芝加哥公约》的签字国，1946年2月20日中国政府批准该公约，1947年4月4日公约对中国生效。

2. 华沙公约

《华沙公约》全称《关于统一国际航空运输某些规则的公约》，1929年制定，是国际空运的一项基本公约。《华沙公约》是统一国际航空运输某些规则的公约，其承运人承担赔偿责任的责任基础是推定过失责任制。

《华沙公约》规定了以航空运输承运人为一方和以旅客、货物托运人与收货人为另一方的法律义务及相互关系。共分5章41条。对空中承运人应负的责任确立了三个原则：

（1）负过失责任。

（2）限定赔偿责任的最高限额。

（3）加重空中承运人的责任，禁止滥用免责条款。

我国于1958年正式加入《华沙公约》。

微课堂

扫描二维码了解《华沙公约》。

华沙公约

3. 航空三大刑法公约

航空三大刑法公约包括1963年《东京公约》、1970年《海牙公约》、1971年《蒙特利尔公约》和1975年《蒙特利尔议定书》共四个文件。它规定了有关制止空中犯罪、劫持飞机、破坏航空器及危害民用航空安全的规定。

二、我国航空法律体系

我国航空法律体系是以国际航空五大公约、国际标准和建议措施（《国际民用航空公约》18个附件）为蓝本，在符合我国宪法和法律的前提下，结合我国的实际而逐步建立和完善的。

我国航空法律体系由法律、行政法规、行业规章三级构成。我国现行的法律法规体系是一个由1部法律（《民用航空法》）、27部行政法规和行政法规性文件以及115部现行有效规章组成的多层次的民航法规体系框架，如图1-3所示。

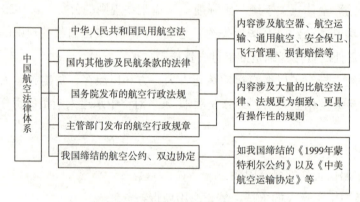

图 1-3　我国民用航空法律体系

1. 法律方面

在航空法律方面，主要是由全国人大常委会通过由国家主席签署主席令发布的《民用航空法》。

《民用航空法》是为了维护国家的领空主权和民用航空权利，保障民用航空活动安全和有秩序地进行，保护民用航空活动当事人各方的合法权益，促进民用航空事业的发展而制定的法律。

2. 行政法规

行政法规是指国务院根据宪法和法律制定或批准的规范民用航空活动的规定，是经国务院通过由总理以国务院令发布或授权中国民航局发布。现行有效的民航行政法规和行政法规性文件共有31个，如《民用机场管理条例》《中华人民共和国民用航空安全保卫条例》（以下简称《民用航空安全保卫条例》）、《中华人民共和国民用航空器权利登记条例》(以下简称《民用航空权利登记条例》)、《中华人民共和国民用航空器适航管理条例》(以下简称《民用航空器适航管理条例》)等。

3. 行业规章

中国民用航空局根据《民用航空法》的规定制定的关于行政程序、航空安全管理、航空市场和经济管理、行政管理方面的规章,在中国民用航空法律体系框架中所占比例最大。其具体内容涉及行政程序规则、航空器、航空人员、空域、导航设施、空中交通规则和一般运行规则、民用航空企业合格审定及运行、学校、非航空人员及其他单位的合格审定与运行、民用机场建设和管理、委任代表规则、航空保险、综合调控规则、航空运输规则、航空保安、科技和计量标准、航空器搜寻救助和事故调查等。

课堂小提示

需要注意的是,现有的航空法律体系还不能完全适应我国民用航空运输业的发展,甚至航空法律的滞后性和缺乏可操作性会在一定程度上限制我国航空运输业的发展。而民用航空的一些热点法律问题也接踵而至,表现在航班延误、航空事故调查、航空安全保障(飞行、机务、空管、空警)、航空客票电子化、航空民事责任制度、航空刑事责任制度、航空多边国际公约、双边航空运输协定的模式、民航体制改革、航空消费者权益保护、民航企业的重组、民营航空业的法律问题等诸多方面。

模块小结

本模块讲述的是民航法的基础理论知识,领空主权原则是一个根本性的法律制度,是民航法的基础。民用航空活动所产生的社会关系是民航法的主要调整对象。民航法的专业性、技术性很强,具有明显的国际性、独立性、综合性及平时性的特点。民航法的渊源主要有国际条约、国际惯例、国内法及司法判例、国际法的一般原则和习惯国际法以及具有一定法律效力的其他文件。民航法的发展经过萌芽、活跃、不断成熟与完善的三个时期。民航法分为国内民航法和国际民航法两大部分,分属于不同的法律体系,内容涵盖公法和私法。

课后练习

【单选题】

1. 下列航空法律法规中级别最高的是（　　）。
   A.《中华人民共和国飞行基本规则》
   B.《中华人民共和国民用航空法》
   C.《中华人民共和国搜寻援救民用航空器的规定》
   D.《中华人民共和国民用航空安全保卫条例》

2. 下列属于航空公法公约的是（　　）。
   A.《芝加哥公约》　　　　　　　　B.《华沙公约》
   C.《中华人民共和国民用航空法》　　D.《蒙特利尔公约》

【匹配题】

下列法律文件分别属于何种法律渊源？请将对应的序号填入括号内。
①中华人民共和国民用航空法
②芝加哥公约
③民用航空器适航管理条例
④民用航空运输销售代理业管理规定
⑤治安管理处罚法
⑥道路货物运单使用和管理办法
⑦民用机场管理条例
⑧北京议定书
⑨中国民用航空货物国内运输规则
⑩成都市道路交通安全管理条例

法律：（　　）　行政法规：（　　）　规章：（　　）
地方性法规：（　　）　国际公约：（　　）

【思考题】

1. 什么是民航法？
2. 民航法有哪些特点？
3. 民航法的发展历程可分为哪几个时期？
4. 航空法律体系包括哪些内容？

查找并分析民航业不合法事例

1. 实训目标

通过在网络或报纸杂志上查找各种与民航法有关实例的训练,了解我国目前民航法律制度的现状,进一步认识学习民航法律法规的重要性。

2. 实训准备

分组训练,每组 5~10 人。

3. 实训时间

学完民航法概述后由学生课下完成,时间为 1 周,做完后可以利用 1 课时组织学生交流。

4. 实训办法

(1)小组成员召开会议,进行讨论与分工。

(2)采用多种方法查找民航法律法规的资料和案例,确保来源真实、可靠、有针对性。

(3)将查找的资料进行汇总整理。

5. 考核办法

每组派一位同学上台选取有代表性的案例进行观点陈述,表明自己的感想和看法。教师组织大家讨论,然后根据各组资料收集情况、课堂发言情况考核打分。

模块二
航空器管理法律制度

1. 理解航空器的定义，了解航空器的分类及法律地位；
2. 了解航空器国籍的法律意义，掌握航空器国籍的登记制度，熟悉航空器登记国的权利和义务；
3. 理解并掌握民用航空器的权利；
4. 理解民用航空器适航管理的概念及特点，熟悉民用航空器适航管理的分类及工作内容。

1. 能够识别航空器国籍标志与登记标志；
2. 能够运用民用航空器权利的概念进行实例分析。

1. 增强学生的爱国主义情怀和人民意识，保卫国家安全，增强民族自豪感；
2. 培养责任心和使命感。

模块二 航空器管理法律制度

案例导入

　　1961 年夏天，英国某航空公司租用一架不带机组飞机，在从美国飞往法国诺曼底途中，机上的外国旅客间发生犯罪行为。当英国法院受理此案时才发现，该飞机的经营人和机组人员虽然都是英国人，但是飞机本身是在黎巴嫩登记的，具有黎巴嫩国籍。按英国法律，英国法院无权管辖，需将案件移交给黎巴嫩法院。这需要将案件的全部证据、资料及证人转移到黎巴嫩，而按双边司法协助条款，手续繁杂又耗时费钱。因黎巴嫩与此案毫无牵连，该国法院没有兴趣受理，成为一大负担。

　　案例思考：由于航空活动的国际性，航空器受哪个国家的法律保护？享受什么权利和履行什么义务？这取决于该航空器在哪个国家注册登记。

单元一 航空器概述

一、航空器的定义

航空器是航空活动的工具。没有它，就不会有航空活动，也不会有航空法。航空器这个术语在不同的法源上有不同的定义。

国际上最早对航空器进行定义的法律文本是1919年《巴黎公约》，称"航空器是指可以从空气的反作用而在大气中取得支撑力的任何机器"。这个定义后来被1944年《芝加哥公约》表述为"航空器既包括重于空气的飞机、飞船、滑翔机、直升机，也包括轻于空气的氢气球，其关键是在于该器械有无升力"。1967年11月8日，国际民用航空组织对航空器这一定义进行了修改，形成了新的定义，即"航空器是大气中靠空气的反作用力而不是靠空气对地（水）面的反作用力作支撑的任何器械"。这个定义是至今较为权威的定义。

根据航空器的定义可知：卫星、宇宙飞船、空间站、航天飞机、火箭、导弹、气垫船不属于航空器范畴。

二、航空器的分类

在国际法上，依据不同的标准，可将航空器做如下分类。

1. 根据航空器的机械构造分类

根据航空器的机械构造划分，可分为轻于空气的航空器和重于空气的航空器。1944年《芝加哥公约》附件7《航空器国籍和登记标志》持此划分法，见表2-1。

表2-1 根据航空器的机械构造分类

	轻于空气的航空器	气球（如热气球、氢气球）
航空器		飞艇
	重于空气的航空器	定翼航空器（飞机、滑翔机）
		旋翼航空器（直升机、旋翼机）
		扑翼机（模仿鸟类翅膀，尚未成功）

（1）轻于空气的航空器。轻于空气的航空器的主体是一个气囊，其中充以密度较空气小得多的气体（氢或氦），利用大气的浮力使航空器升空，气球和飞艇都是轻于

空气的航空器，二者的主要区别是前者没有动力装置，升空后只能随风飘动，或者被系留在某一固定位置上，不能进行控制；后者装有发动机、安定面和操纵面，可以控制飞行方向和路线。

（2）重于空气的航空器。重于空气的航空器的升力是由其自身与空气相对运动产生的。

2. 根据航空器的使用性质分类

根据航空器的使用性质划分，可分为国家航空器和民用航空器。航空法只适用民用航空器。

（1）国家航空器：《芝加哥公约》首次引用国家航空器和民用航空器的概念，但公约并未对国家航空器明确定义，只是采用排除法规定了国家航空器的范围，即包括用于执行军事、海关和警察飞行任务的航空器。

（2）民用航空器：除国家航空器外的航空器，主要用于公共航空运输和通用航空。

知识链接

航空器二元分类

航空器二元分类的依据，从国际条约的规定来看主要采用的是特定用途说。但各国国内法和司法实践采用标准不一，既有国家利益标准又有特定用途标准。特别是在司法实践中，法官们对哪些是国家航空器界定不一；在理论上，学者们对国家航空器标准界定也存在分歧，其主要的观点可以分成三类，即国家利益说、特定用途说和国家航空器否定说，还有学者认为上述三种划分都有弊端，应以民用航空和非民用航空取代，即民用航空说和非民用航空说。当然还有其他的学说，如所有权标准说、传统的功能论和折中路线说。

三、航空器的法律地位

1. 国家航空器的法律地位

不同的国家航空器有不同的法律地位，其中国家元首、政府首脑和执行特别使命的高级官员乘坐的专用航空器享有治外法权，即管辖豁免权。军事航空器除被强迫降落或被要求或被勒令降落的外，原则上享受通常给予外国军舰的特权，除非有相反的规定。从国际惯例法规则来看，警察和海关航空器在任何情况下都不享有治外法权这一特权，只能根据国家间特别协议确定在何种情况下准许飞越边境。

2. 民用航空器的法律地位

（1）民用航空器具有不动产属性。根据民法理论，发生位移而不损害其价值的财产是动产，民用航空器理应属于动产范畴。但是，民用航空器作为运输工具，其投入资金大，使用年限长，法律上一般将其视为不动产进行处理。我国《民用航空法》按照不动产物权变动进行权利登记。

案例：80老太向飞机扔硬币祈福

（2）民用航空器具有拟人性。法律规定的范围内具有相应的权利能力和行为能力。法律上赋予航空器的法律人格，使其成为航空法的适用对象；在航行中，权利和义务的规定也是针对航空器的。

单元二　航空器的国籍

一、航空器国籍的法律意义

登记制度是各国民商法中普遍采用的一种确定财产所有权的规则，即对不动产和价值重大的动产（例如轮船、飞机、汽车等）必须向国家有关当局注册登记。

航空器具有其登记的国家的国籍。航空器的国籍，是航空器与登记国（即国籍国）相联系的法律"纽带"。航空器的国籍原则承认了航空器依其国内法具有一定法律人格，并据此烙上本国国籍的印记，从而使该国在国际法上享有国籍规则的若干权利（管辖权、保护权、管理权）与义务。

1944年《芝加哥公约》第三章专门涉及航空器的国籍问题，规定航空器具有登记国的国籍，不承认航空器的双重国籍，但其登记可由一国转至另一国，即公约允许航空器因所有权转移等原因而变更其国籍，并且航空器国籍的登记与转移应按有关国家的法律和规定办理，这样，登记国也就承担了相应的责任和义务。

> **课堂小提示**
>
> 航空器的双重国籍具有以下不良后果：
> （1）两个国籍国对同一航空器在管辖和保护上发生冲突，从而影响两国的关系；

（2）两国同时要求同一航空器所有人或经营人履行义务，而使其在法律上处于困境；

（3）第三国可以把具有双重国籍的航空器视为两国中任何一国的航空器来对待，使其无法享有国籍国按照国籍原则所提供的保护和监督。

二、航空器国籍的登记制度

1. 航空器国籍的登记原则

航空器只能登记一国国籍，不得具有双重国籍。未注销外国国籍的民用航空器，不得在中华人民共和国办理国籍登记；未注销中华人民共和国国籍的民用航空器，不得在外国办理国籍登记。民用航空器国籍与登记的法律基础是《芝加哥公约》和缔约国本国的法律及规章。

2. 航空器国籍的登记条件

航空器国籍的登记条件一般由登记国的国内法确定。各国对航空器国籍的登记条件有所区别，比较典型的有以下3种。

（1）直接规定登记条件，如美国《联邦航空法》规定，航空器如果符合规定的情况，且只有符合规定的情况，才能登记。

（2）排除法，如日本《航空法》规定下列4种人员所拥有的航空器不得进行登记。

1）未取得国籍者；

2）外国与外国的公共团体或类似的机构；

3）根据外国法令与规章设立的法人或其他团体；

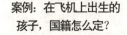

案例：在飞机上出生的孩子，国籍怎么定？

4）任何法人，其代表为前三项中所述人员时，其三分之一以上的高级职员或三分之一以上的表决权为此等人员所有时。

此外，日本《航空法》还规定，凡具有外国国籍的航空器，均不得登记。

（3）应当登记法，我国《民用航空法》即采取这种形式，并规定下列航空器应当进行中华人民共和国国籍登记。

1）中华人民共和国国家机构的民用航空器。

2）依照中华人民共和国法律设立的企业法人的民用航空器。对中外合资航空运输企业则另有行政法规的限制，要求外商在该航空运输企业的注册资本或实收资本中所占比例不得超过49%，一家外商代表在董事会的表决权不得超过25%等。

3）国务院民用航空主管部门准予登记的其他民用航空器。所谓"其他民用航空器"，主要指这样的两类民用航空器：一类是在中华人民共和国境内有住所或者主要营业场所的中国公民的民用航空器；另一类是国家机关、企业法人自境外分期付款购买的民用航空器或融资租赁的民用航空器。

自境外租赁的民用航空器，承租人符合前述登记条件的规定，该民用航空器的机组人员由承租人配备的，可以申请登记我国国籍；但是，必须先予注销该民用航空器原国籍登记。

3.航空器国籍的登记程序

航空器国籍的登记程序一般可分为申请、审查和颁发登记证书三个步骤。

（1）申请。符合规定的民用航空器所有人或者占有人（简称申请人）申请我国民用航空器国籍登记的，应当按照国务院民用航空主管部门规定的格式如实填写民用航空器国籍登记申请书，并向国务院民用航空主管部门提交下列文件：

1）证明申请人合法身份的文件；

2）作为取得民用航空器所有权证明的购买合同和交接文书，或者作为占有民用航空器证明的租赁合同和交接文书；

3）未在外国登记国籍或者已注销外国国籍的证明；

4）国务院民用航空主管部门要求提交的其他有关文件。

（2）审查。国务院民用航空主管部门应当自收到民用航空器国籍登记申请之日起7个工作日内，对申请书及有关证明文件进行审查。经审查，符合规定的，即在我国民用航空器国籍登记簿上登记该民用航空器，并向申请人颁发我国民用航空器国籍登记证书。民用航空器依法登记后，取得我国国籍，受我国法律管辖和保护。

（3）颁发登记证书。民用航空器国籍登记证书应当放置于民用航空器内显著位置，以备查验。民用航空器国籍登记证书的有效期自颁发之日起至变更登记或注销登记之日止。民用航空器国籍登记证书遗失或污损的，应当按照规定向中国民用航空总局（以下简称"民航总局"）申请补发或者更换民用航空器国籍登记证书，并提交有关说明材料。民航总局自收到申请之日起7个工作日内，对申请书及有关材料进行审查；经审查，符合规定的，即补发或者更换民用航空器国籍登记证书。

4.航空器国籍变更登记和注销登记

（1）航空器国籍变更登记。取得中华人民共和国国籍的民用航空器，遇有下列情形之一时，应当向民航总局申请办理变更登记：

1）民用航空器所有人或其地址变更；

2）民用航空器占有人或其地址变更；

3）民航总局规定需要办理变更登记的其他情形。

申请人应当按照民航总局规定的格式填写民用航空器变更登记申请书，并提交有关证明文件，交回原民用航空器国籍登记证书。民航总局自收到民用航空器国籍登记变更申请之日起 7 个工作日内，对申请书及有关证明文件进行审查；经审查，符合本规定的，即在中华人民共和国民用航空器国籍登记簿上进行变更登记，并颁发变更后的民用航空器国籍登记证书。

（2）航空器国籍注销登记。取得中华人民共和国国籍的民用航空器，遇有下列情形之一的，应当向民航总局申请办理注销登记：

1）民用航空器所有权依法转移境外并已办理出口适航证的；

2）民用航空器退出使用或者报废的；

3）民用航空器失事或者失踪并停止搜寻的；

4）符合规定的民用航空器租赁合同终止的；

5）民航总局规定需要办理注销登记的其他情形。

申请人应当按照民航总局规定的格式填写民用航空器注销登记申请书，并提交有关证明文件。民航总局自收到申请书之日起 7 个工作日内，对申请书及有关证明文件进行审查；经审查，符合本规定的，即注销该民用航空器的国籍登记。民用航空器注销国籍登记的，该航空器上的国籍标志和登记标志应当予以覆盖。

5. 国籍标志和登记标志

从事国际航行的每一航空器应载有适当的国籍标志和登记标志。

（1）国籍标志。世界上每个国家的民用航空器（飞机是航空器的一种）都有国籍标志，并要取得国际民航组织的认同。国籍标志由一组字组成，如中国（B）、美国（N）、日本（J）、瑞典（SE）、瑞士（HB+国徽）、新西兰（ZK，ZL，ZM）、巴哈马（C6）、索马里（60）、新加坡（9V）。中国是国际民航组织的成员国，根据国际规定，于 1974 年选用"B"作为中国民用航空器的国籍标志。凡是中国民航飞机机身上都必须涂有"B"标志和编号，以便在无线电联系、导航空中交通管制、通信通话中使用，尤其是在遇险失事情况下呼叫，以利于识别。

国籍标志小案例

（2）登记标志。登记标志必须是字母、数字或者两者的组合，由登记国指定。登记标志在国籍标志之后，如果登记标志的首位是字母，则在国籍标志与登记标志之间加一短划"-"。我国与之略有差异：我国民用航空器的登记标志为四位数，但仍在国籍标志与登记标志之间加"-"，如 B-3621。

国籍标志和登记标志通常应绘制在"机翼—尾翼"之间的机身两侧，以及右机翼的上表面和左机翼的下表面（字体、字号、长宽比列、粗细、修饰等，在《芝加哥公约》附件 7 中都有详细说明，我国民用航空器国籍登记的其他规定参见《民用航空法》第 1～9 条及下级法规）。

任何单位或者个人不得在民用航空器上喷涂、粘贴易与国籍标志和登记标志相混淆的图案、标记或者符号。未经民航总局批准，不得在民用航空器上喷涂中华人民共和国国旗、民航总局局徽、"中国民航"字样或者广告。

知识链接

民用航空器登记注册编号

民用航空器登记注册编号见表 2-2。

表 2-2　民用航空器登记注册编号

航空器	编号	航空器	编号
空客	23××	MD-82	21××
B747、B707	24××	TK-100	22××
B737	25××	安-30	33××
B767	255×	安-24	34××
B757	28××	运×	345×～349×
图 154	26××	双水獭	35××
BAe146	28××	肖特 360	36××
L-100-30	30××	运-12	38××
安-12	315×	直升机	7×××
MD-11	21××	运-5	8×××

三、航空器登记国的权利和义务

航空器登记国的权利和义务包括两部分：一是对域内的本国航空器的权利和义务；二是对域外的本国航空器的权利和义务。

1. 航空器登记国的权利

航空器登记国对在域外的本国航空器享有以下权利：

（1）管辖权。登记国的有关法律适用于航空器所在地国法，或其缔结或参加的国际条约没有例外规定的域外本国航空器。对于飞行在公海海面上或不属于任何国家领土的地（水）面上的本国航空器内发生的法律关系和犯罪行为，登记国有权依本国法律进行调整和行使刑事管辖权。这种域外管辖权有时与领土地国的属地管辖权相冲突。

（2）保护权。在域外的具有本国国籍的民用航空器，本国享有保护的权利。这些权利主要有采取援救措施、参与事故调查、协助以及其他权利。

（3）管理权。民用航空器的登记国对在域外的本国民用航空器享有管理权。这些权利主要包括适航管理以及航行管理。

2. 航空器登记国的义务

（1）管辖义务。航空器登记国对本国在域外的航空器上的行为有管辖义务，特别是对犯罪行为的管辖，以确保国际民用航空安全和有秩序地进行。这是国际公约赋予缔约国的一项义务。

（2）保证义务。登记国有义务采取措施来保证本国航空器遵守任何当地有关航空器飞行和运转的现行规则与规章，特别是拦截指令，并允诺追究违章人员的责任。

（3）保护义务。从国籍制度的产生来看，国籍制度的设立是国家为保护其国民在国外的合法权利，当航空器在该国登记时，享有了"国民"的身份，因此，国家对在域外的本国航空器的合法利益有保护的义务。

（4）协助义务。登记国应其他国家或国际民用航空组织要求，有义务提供本国航空器的登记及所有权和控制权等情况的有关资料。

单元三　民用航空器的权利

民用航空器权利作为以民用航空器为客体而发生的相关民事权利，包括对民用航空器构架、发动机、螺旋桨、无线电设备和其他一切为了在民用航空器上使用的，无论安装于其上或者暂时拆离的物品的权利。民用航空器是民法上重要的物，围绕民用航空器产生了各种法律关系，形成了一系列民用航空器所有权、抵押权、优先权以及权利登记制度。

一、民用航空器所有权

（一）民用航空器所有权的概念和特征

1. 民用航空器所有权的概念

所有权是指所有人依法对自己财产所享有的占有、使用、收益和处分的权利。它是一种财产权，所以又称财产所有权。民用航空器所有权是指航空器所有人依法对其

航空器占有、使用、收益和处分的权利。

民用航空器所有权的权利主体既可以是自然人，也可以是法人，包括企业法人和事业法人，还可以是国家。我国《民用航空法》第十五条规定："国家所有的民用航空器，由国家授予法人经营管理或者使用的，本法有关民用航空器所有人的规定适用于该法人。"

2. 民用航空器所有权的特征

（1）航空器所有权是一种完全的物权，所有人可对航空器进行自由的占有、使用、收益和处分。

（2）航空器所有权是所有人对航空器的支配权利，其内容恒定，不因时间、地点不同而有所差异。

（3）航空器所有权的分割仅为量的分割，分割后的所有权与分割前的所有权性质相同，只是范围有所不同。

（4）航空器所有权纯为一种私法上的权利，不受个人身份的影响。

（二）民用航空器所有权的取得、转让和消灭

民用航空器所有权的取得、转让和消灭，应当向民航总局登记；未经登记的，不得对抗第三人。

1. 民用航空器所有权的取得

民用航空器所有权的取得分为原始取得和继受取得。前者如航空器制造商对自己建造的航空器所拥有的所有权，后者如航空公司对自己直接购买的航空器所享有的所有权。

航空器所有权的取得以继受取得为主。所谓的继受取得，是以原所有人的所有权和意志为依据，通过一定的法律行为实现所有权的转移，由他人继受而取得所有权。例如，某航空公司从航空器制造商购买航空器，就是买方支付一定的价款，而从卖方继受取得标的物的所有权。

我国《民用航空器权利登记条例》《中华人民共和国民用航空器权利登记条例实施办法》（以下简称《民用航空器权利登记条例实施办法》）规定，办理民用航空器所有权登记的，民用航空器的所有人应当提交下列材料清单：

（1）民用航空器所有权登记申请书。

（2）民用航空器国籍登记证书。

（3）民用航空器所有权取得的证明文件。

（4）在申请办理权利登记时，申请人应当提供下列证明其合法身份的文件：

1）申请人是个人的，其有效身份证明；
2）申请人为企业法人的，工商登记机关颁发的企业法人营业执照；
3）申请人为其他组织的，有关登记、注册机关颁发的登记、注册文件；
4）与上述文件等效的身份证明文件。

（5）委托他人办理权利登记或者签署有关文件的，应当向登记部门提交合法申请人的授权委托书或者其他授权证明文件，以及代办人的符合规定的合法身份证明文件。同一项交易或者事件产生共同权利的，应当由一个权利代表人向登记部门办理权利登记事项。

（6）国务院民用航空主管部门要求提交的其他必要的有关文件。

> **课堂小提示**
>
> 民用航空器所有权的取得在形式上必须合法，否则得不到法律的确认和保护。

2. 民用航空器所有权的转让

民用航空器所有人可以依法转让其民用航空器所有权。航空器所有权的转让是指航空器所有人根据自己的意志转让航空器，即转让了对航空器的所有权。民用航空器所有权的转让，应当签订书面合同。

民用航空器所有权转让变更登记应当提交下列材料清单：

（1）所有权变更申请书；

（2）代表申请人对签字人、代办人进行授权的授权人的任职证明；

（3）申请人授权签字人签署申请文件、授权代办人办理权利登记的授权书（原件）；

（4）签字人、代办人身份证明文件（经核对无误的复印件）；

（5）所有权变更文件（原件或经核对无误的复印件）；

（6）所有权登记证书原件。

3. 民用航空器所有权的消灭

航空器所有权的消灭是指民用航空器已经不存在，对该航空器的所有权当然也丧失，如空难事故造成航空器的毁灭，航空器的使用年限到期而被处理等。

所有权注销登记应当提交的材料清单如下：

（1）所有权注销申请书。

（2）代表申请人对签字人、代办人进行授权的授权人的任职证明。

（3）申请人授权签字人签署申请文件、授权代办人办理权利登记的授权书（原件）。

（4）签字人、代办人身份证明文件（经核对无误的复印件）。

（5）所有权注销文件（原件或经核对无误的复印件）。

1）买卖情形下：卖据、交付证明；

2）航空器灭失或失踪情形下：相关部门出具的航空器灭失或失踪的证明。

（6）所有权登记证书原件。

知识链接：引起民用航空器所有权消灭的原因

二、民用航空器抵押权

1. 民用航空器抵押权的概念

民用航空器抵押权是指抵押权人对抵押人提供的不转移占有而作为债务担保的航空器，在债务人不履行债务时，依法以该航空器折价或从变卖该航空器的价款中优先受偿的权利。

2. 民用航空器抵押权的特征

（1）航空器抵押权是担保物权，有自己的特殊作用，担保债的履行，因而与债权有着不可分割的联系，其实质内容是取得航空器的交换价值。

（2）航空器抵押权的标的物应以债务人或第三人所有的航空器为限。

（3）航空器抵押权不转移标的物——航空器的占有，有利于抵押人对航空器进行使用、收益和处分，使航空器的使用价值得以充分发挥。

（4）航空器抵押权是优先受偿的权利，即抵押权人就抵押物受清偿时，有优先于对抵押物享有的其他请求权的受偿权。

3. 民用航空器抵押权的登记

设定民用航空器抵押权，由抵押权人和抵押人共同向民航总局办理抵押登记；未经登记，不得对抗第三人。

民用航空器抵押权登记应提交以下材料清单：

（1）抵押权登记申请书。

（2）航空器国籍登记证书（原件正本或经民航总局适航司核对盖章的复印件）。

（3）所有权登记证书或所有权证明文件。

（4）抵押人与抵押权人身份证明文件（下列三个文件之一）：

1）营业执照（原件，经发证机关签注的复印件或经依法公证的复印件）；

2）开业证明（原件，经发证机关签注的复印件或经依法公证的复印件）；

3）个人身份证明（仅当抵押权属私人时提供）。

（5）抵押权申请表抵押人签字人与抵押权人签字人身份证明文件（下列两个文件之一）：

1）董事名册（任职证明）及个人身份证明文件（原件或经依法公证的复印件）；

2）授权书（原件）及被授权签字人身份证明文件（原件，经发证机关签注的复印件或经依法公证的复印件）。

（6）申请人授权代办人办理权利登记的授权书（原件）及代办人身份证明文件（经发证机关签注的复印件或经依法公证的复印件）。

（7）贷款合同、抵押合同。

依法公证的复印件是指：国内由公证部门签注，国外由律师签注。

民用航空器抵押权变更登记应当提交的材料清单如下：

（1）抵押权变更申请书；

（2）代表申请人对签字人、代办人进行授权的授权人的任职证明；

（3）申请人授权签字人签署申请文件、授权代办人办理权利登记的授权书（原件）；

（4）签字人、代办人身份证明文件（经核对无误的复印件）；

（5）抵押权变更文件（原件或经核对无误的复印件）；

（6）抵押权登记证书原件。

民用航空器抵押权注销登记应当提交的材料清单如下：

（1）抵押权注销申请书；

（2）代表申请人对签字人、代办人进行授权的授权人的任职证明；

（3）申请人授权签字人签署申请文件、授权代办人办理权利登记的授权书（原件）；

（4）签字人、代办人身份证明文件（经核对无误的复印件）；

（5）抵押权注销文件（原件或经核对无误的复印件）：抵押权人出具的解除抵押声明；

（6）抵押权登记证书原件。

> **课堂小提示**
>
> 民用航空器抵押权设定后，未经抵押权人同意，抵押人不得将被抵押民用航空器转让给他人。

三、民用航空器优先权

1. 民用航空器优先权的概念

民用航空器优先权是指债权人向民用航空器所有人、承租人提出赔偿请求,对产生该赔偿请求的民用航空器具有优先受偿的权利。民用航空器优先权属于法定优先权,是与抵押权、质权和留置权并行的担保特定债权,并且是对某一特定财产优先受偿的一种担保物权。民用航空器优先权的期限相当短暂(自援救或保管维护工作终了之日起3个月以内),并且优先权的债权的受偿顺序是后发生的债权先受偿。

下列各项债权具有民用航空器的优先权:

(1)援救该民用航空器的报酬;

(2)保管维护该民用航空器的必需费用。

民用航空器优先权先于民用航空器抵押权受偿;民用航空器优先权不因民用航空器所有权的转让而消灭。但是,民用航空器经依法强制拍卖的除外。在执行人民法院判决以及拍卖过程中产生的费用,应当由民用航空器拍卖所得价款中先行拨付。

2. 民用航空器优先权的特征

(1)不可分性。主要表现为民用航空器不受担保财产的分割、让与的分割。另外,若民用航空器部分灭失的,未灭失部分仍担保着全部债权。部分受清偿的,未受偿部分债权仍受民用航空器的全部价值的担保。

(2)特定性。主要表现为两个方面:一方面,航空器优先权是受担保的特定债权,这里的特定是指种类的特定,受民用航空器优先权担保的债权只能是法律规定的特定种类的债权。另一方面,航空器优先权是指担保财产的特定,这里的特定是担保财产在范围上的特定。

(3)法定顺序性。主要表现:若民用航空器上存有数个优先权的,各优先权间有一定顺序。民用航空器优先权的受偿顺序为倒序原则,即后发生的债权先受偿。民用航空器优先权先于民用航空器抵押权受偿。

(4)无公示性。民用航空器优先权是不以占有或登记为要件的担保物权。因为民用航空器优先权是直接依据法律规定产生的,只要某一当事人所享有的债权属于《民用航空法》规定的范围,债权人即可取得民用航空器优先权。因此,无公示性也就成了民用航空器优先权作为一种特殊物权区别于一般物权的主要特点。

3. 民用航空器优先权的受偿顺序

《日内瓦公约》规定,优先权的受偿顺序为"按照产生该权利的事件发生日期逆向排列"。民用航空器优先权债权的受偿顺序,采用"时间倒序原则",或者称为"时间在先，权利在后"的原则排列债权的受偿顺序；其出发点是坚持"为其他债权的受偿创造条件的债权优先于其他债权"的原则。

我国《民用航空法》第十九条规定，民用航空器优先权后发生的先受偿。第一顺序受偿的是执行人民法院判决以及拍卖过程中产生的费用；第二顺序受偿的是援救该民用航空器的报酬和保管维护该民用航空器的必要费用；第三顺序受偿的是抵押权。

民用航空器优先权的受偿顺序如图 2-1 所示。

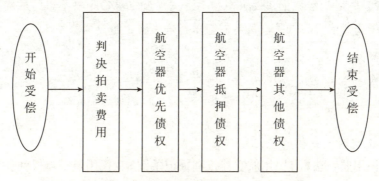

图 2-1　民用航空器优先权的受偿顺序

4. 民用航空器优先权的行使方式

由于民用航空器优先权是法定担保物权，其法定性不仅表现在标的范围、担保的债权项目以及受偿顺序等方面，还表现在民用航空器优先权的行使方式上。又由于民用航空器优先权人并不占有民用航空器，因此，要实现民用航空器优先权，必须采用保全的程序。《民用航空法》第二十四条规定，民用航空器优先权应当通过人民法院扣押产生优先权的民用航空器行使。民用航空其优先权人向有管辖权的人民法院申请扣押拍卖产生优先权的民用航空器，扣押后，人民法院在法定条件下，可依法强制拍卖该民用航空器，以出售民用航空器的价款来清偿债务。有优先权的债权优先受偿，在出现多个有优先权的债权的情况下，人民法院按《民用航空法》规定的顺序予以清偿。由于价金有限，位次较低的请求人可能一无所获。需要指出的是，债权人不能自行扣押变卖产生优先权的民用航空器，必须通过人民法院按照法律程序来实现自己的权利，否则要承担违法扣押变卖民用航空器而产生的法律责任。得不到满足的债权请求，其不足额部分通过其他途径向负有责任的民用航空器所有人或承租人追偿。

知识链接

民用航空器优先权消灭的事由

民用航空器优先权作为民事权利的一种，其消灭也是由一定的法律事实发生而引起的。根据《日内瓦公约》和我国《民用航空法》的规定，民用航空器优先权消灭的事由主要如下：

（1）民用航空器优先权的期限已经终结。民用航空器优先权的期限是3个月，自援救或保管工作终了之日起3个月内权利人不去登记的，又没有法律规定的事由的，民用航空器优先权消灭。

（2）民用航空器依法被强制拍卖。民用航空器优先权不因民用航空器所有权的转让而消灭，但是，民用航空器经依法强制拍卖的除外。

（3）民用航空器灭失或失踪。民用航空器灭失或失踪，民用航空器优先权的客体不复存在，民用航空器优先权消灭。

5. 民用航空器优先权的登记资料

根据《民用航空法》《民用航空器权利登记条例》《民用航空器权利登记条例实施办法》，办理民用航空器优先权登记的，应当提交相应的资料。

民用航空器优先权申请登记应当提交以下资料：

（1）优先权登记申请书。

（2）优先权申请人身份证明文件（下列3个文件之一）：

1）营业执照（原件，经发证机关签注的复印件或经依法公证的复印件）；

2）开业证明（原件，经发证机关签注的复印件或经依法公证的复印件）；

3）个人身份证明（仅当优先权属私人时提供）。

（3）优先权申请表签字人身份证明文件（下列2个文件之一）：

1）董事名册（任职证明）及个人身份证明文件（原件或经依法公证的复印件）；

2）授权书（原件）及被授权签字人身份证明文件（原件，经发证机关签注的复印件或经依法公证的复印件）。

（4）申请人授权代办人办理权利登记的授权书（原件）及代办人身份证明文件（经发证机关签注的复印件或经依法公证的复印件）。

（5）优先权债权事件的证明文件（由民航总局或各地区管理局航空安全管理部门出具或由公安机关出具，并经民航总局或民航地区管理局航空安全管理部门签注）。

依法公证的复印件是指：国内由公证部门签注，国外由律师签注。

民用航空器优先权变更登记应当提交以下资料：

（1）优先权变更申请书；

（2）代表申请人对签字人、代办人进行授权的授权人的任职证明；

（3）申请人授权签字人签署申请文件、授权代办人办理权利登记的授权书

（原件）；

(4) 签字人、代办人身份证明文件（经核对无误的复印件）；

(5) 优先权变更文件（原件或经核对无误的复印件）；

(6) 优先权登记证书原件。

民用航空器优先权注销登记应当提交以下资料：

(1) 优先权注销申请书；

(2) 代表申请人对签字人、代办人进行授权的授权人的任职证明；

(3) 申请人授权签字人签署申请文件、授权代办人办理权利登记的授权书（原件）；

(4) 签字人、代办人身份证明文件（经核对无误的复印件）；

(5) 优先权注销文件（原件或经核对无误的复印件）；

(6) 优先权登记证书原件。

四、民用航空器租赁

租赁是在几乎所有的行业内都会发生的一种经济行为，通常分为融资租赁和经营性租赁。民用航空器租赁是指民用航空器出租人与承租人通过签订租赁合同，将民用航空器租给承租人，由承租人支付租金。民用航空器租赁合同包括融资租赁合同和其他租赁合同，应当以书面形式订立。

1. 民用航空器融资租赁

民用航空器融资租赁，是指出租人按照承租人对供货方和民用航空器的选择，购得民用航空器，出租给承租人使用，由承租人定期缴纳租金。

融资租赁期间，出租人依法享有民用航空器所有权，承租人依法享有民用航空器的占有、使用、收益权；出租人不得干扰承租人依法占有、使用民用航空器；承租人应当适当地保管民用航空器，使之处于原交付时的状态，但是合理损耗和经出租人同意的对民用航空器的改变除外。

融资租赁期满，承租人应当将符合《民用航空法》第二十九条规定状态的民用航空器退还出租人；但是，承租人依照合同行使购买民用航空器的权利或者为继续租赁而占有民用航空器的除外。民用航空器融资租赁中的供货方，不就同一损害同时对出租人和承租人承担责任。融资租赁期间，经出租人同意，在不损害第三人利益的情况下，承租人可以转让其对民用航空器的占有权或者租赁合同约定的其他权利。

与传统的租赁方式相比，民用航空器融资租赁具有如下法律特点：

(1) 民用航空器融资租赁法律关系结构复杂，至少涉及三方当事人和两个合同关系。三方当事人是承租方、出租方、供货方。承租方一般是航空公司，出租方通常是金融机构，供货方通常是航空器制造公司。两个合同关系是出租人和承租人之间的租赁航空器的合同关系，出租人和供货方买卖航空器的合同关系。而且现有的民用航空器融资租赁多为国际航空器租赁，涉及两个国家或者地区之间的法律、税务、保险以及会计准则等多方面，致使租赁环节多、成交时间较长。

（2）民用航空器融资租赁偏重于承租人的义务和责任，而出租人只享有租赁物的名义所有权，其法律地位类似融资人。出租人以融物的形式，实际是给承租人融资，他并不关心租赁物的使用，而注重于收取租金，得到投资回报，可以说，出租人只是租赁物名义上的所有人，而且他不承担租赁物的瑕疵担保责任。供货方交付的民用航空器有瑕疵时，出租人会把赔偿请求权让渡给承租人，在租赁期间，民用航空器的保养、维修、保险和过时的风险一般都由承租人承担，同时，民用航空器造成第三人的人身和财产损害的，出租人一般不承担责任。

（3）民用航空器融资租赁集融物与融资于一体。在承租方无力购买航空器时，出租方利用自己的资金或从银行贷款，或租进承租方所需要的航空器，然后租给承租方使用。这实际上是出租方通过发挥融通资金的作用达到了承租方融物的目的，对出租方而言是一种金融投资活动。

（4）民用航空器融资租赁合同的当事人中途不得解约。由于民用航空器是承租人选定的，所以民用航空器融资租赁大多是一次性完全收回的租赁。为保障出租人和承租人双方各自的利益，在租赁合同的有效期内，任何一方不得中途解约。只有当民用航空器失事全损或被证明已经不具适航性丧失使用效益的情况下，才能终止合同，但要以出租人不受任何经济损失为前提。

> **课堂小提示**
>
> 民用航空器的融资租赁和租赁期限为六个月以上的其他租赁，承租人应当就其对民用航空器的占有权向国务院民用航空主管部门办理登记；未经登记的，不得对抗第三人。

2. 民用航空器经营性租赁

民用航空器经营性租赁是指租赁公司购买航空器将其出租给航空公司，租赁公司的购机金额在租期内不能得到全额清偿，租赁期末航空公司需要将航空器按照一定的条件返还给租赁公司。

经营性租赁是目前主要的飞机租赁操作方式，集中体现了飞机租赁行业的特点，具体包含以下几点：

（1）通常为租赁公司全额购买飞机，然后将飞机出租给承租人使用，期末承租人将飞机返还给租赁公司。

（2）租期更为灵活。通常经营性租赁由于租赁期末飞机需要按照一定的还机条件返还给出租人，航空公司需要完成大量的退租检查以及维修工作，以满足租赁合同的要求，退租过程较为复杂；另外，租赁公司收回飞机后还要再寻找新的承租人，把飞机出租出去，过程中间存在不确定性，因此，通常租期较长，一般都在8年以上，近些年一些航空公司出于机队灵活性的考虑，要求租期为6年，则需要租赁双方进行进一步的协商。有时，航空公司为了满足短期突发的经营需求，也会短期租赁飞机几个月或者半年。

（3）租赁物维护要求严格。经营性租赁是一种不完全偿付的租赁模式，因此，出租人出于风险控制角度考虑，通常都会要求承租人严格按照一定的维修标准来维护飞机，同时对飞机的使用小时循环比、运营的航线地区等会有相应的要求；另外，通常出租人也会要求承租人支付一定比例的飞机维修保证金（大修储备金），保证承租人一旦违约，出租人可以方便地取回飞机，并且迅速将飞机维修至良好的状态，从而再次租赁给新的承租人。

（4）租赁期末飞机返还给出租人。经营性租赁对于飞机返还给出租人时的状态有严格的要求，通常对于飞机的主要部分如机身、发动机、时寿件、起落架、APU等都有严格的返还标准，保证飞机处于良好的适航状态，且能够顺利地出租给下一个承租人。

（5）融资结构相对复杂。因为经营性租赁无法在租期内得到全额偿付，因此，通常银行会安排一个期末尾款来匹配经营性租赁期内的租金，通常还款现金流为前高后低，对于没有做过飞机融资以及对于航空行业不太了解的银行有一定的审批难度。

知识链接

干租和湿租

民用航空器租赁从租赁范围可分为干租和湿租。

（1）干租：是指任何通过协议，由出租人（可能是航空运营人、银行或租机公司）向承租人（航空运营人）仅提供航空器而不提供飞行机组的租赁。干租通常由承租人承担运行控制。

（2）湿租：是指任何通过协议，由出租人（航空运营人）向承租人（航空运营人）提供航空器并且至少提供一名飞行机组的租赁。湿租通常由出租人承担运行控制。

干租和湿租的最大区别之处，在于干租只提供飞机的资金融通；湿租则不仅提供飞机的资金融通，而且提供所需的燃油、机组、维修等方面的支援。

五、民用航空器权利登记制度

民用航空器权利登记是指权利登记机关应权利登记申请人的申请,对航空器权利人、权利性质及种类、权利取得时间、航空器国籍等有关事项,专门进行记载的一种法律制度。民用航空器权利登记制度是航空法的重要组成部分。

我国《民用航空法》规定,民用航空器权利人应当就下列权利分别向国务院民用航空主管部门办理权利登记:

(1) 民用航空器所有权;
(2) 通过购买行为取得并占有民用航空器的权利;
(3) 根据租赁期限为六个月以上的租赁合同占有民用航空器的权利;
(4) 民用航空器抵押权。

国务院民用航空主管部门设立民用航空器权利登记簿。同一民用航空器的权利登记事项应当记载于同一权利登记簿中。民用航空器权利登记事项可以供公众查询、复制或摘录。

除民用航空器经依法强制拍卖外,在已经登记的民用航空器权利得到补偿或者民用航空器权利人同意之前,民用航空器的国籍登记或权利登记不得转移至国外。

案例

民用航空器的租赁

东星航空是由武汉东星国旅有限公司等股东共同投资组建的华中及中南地区第一家民营航空公司,2005年6月获得民航总局批准筹建,随后在5个月内筹建完成。2005年11月,东星航空与美国通用电气商业航空服务公司(以下简称GECAS)及其旗下的另外五家公司签订了融资租赁合同,合同标的是出租方按东星航空指定购买的10架全新空客A320/319飞机。此次融资租赁交易在航空业界创造了多个第一:它是GECAS在全球范围内对新成立航空公司的最大订单,也是其进入中国以来的单笔最大订单;此外,它还是在没有银行为航空公司支付租金担保的情况下提供的飞机融资。对于东星航空来说,此次融资租赁交易更是意义非凡,它使民营航空突破了中国民营航空公司经营飞机架次的局限,率先实现了民营航空的规模化经营。在东星航空以前,国内虽然已经有春秋等民营航空公司,但其经营的飞机数量还局限在1架或2架的规模。2006年5月东星航空凭借融资租赁先期交付的飞机进行了首航,随即在多条热点航线上开始了商业运营。在随后不到两年的时间里,

模块二 航空器管理法律制度

> 由于经济形势变化等多种因素的影响,东星航空的经营成本大幅上升,资金周转开始出现困难。继而从2008年7月东星开始欠缴GECAS等公司的飞机租金。飞机出租人在多次催要租金无果的情况下于2009年3月10日向武汉市中级人民法院申请东星航空公司破产清算,并同时申报了总额达24亿元人民币的债权。经过民航总局的批准,2009年3月15日武汉市政府命令东星航空停飞所有航线。后来东星航空的破产管理人与GECAS等6家公司签订飞机租赁中止协议,出租人取回飞机并转租给其他航空公司。2009年8月26日武汉市中级人民法院裁定东星航空进入破产清算程序,给东星航空公司短暂的生命画上了句号。

单元四　民用航空器适航管理

一、民用航空器适航管理的概念及特点

1. 民用航空器适航管理的概念

民用航空器的适航性是指该航空器包括其部件及子系统整体性能和操纵特性,在预期运行环境和使用限制下的安全性与物理完整性的一种品质。这种品质要求航空器应始终保持符合其型号设计和始终处于安全运行状态。

民用航空器适航管理,是以保障民用航空器的安全为目标的技术管理,是国务院民用航空主管部门在指定了各种最低安全标准的基础上,对民用航空器的设计、制造、使用和维修等环节进行科学的、统一的审查、鉴定、监督和管理。民用航空器的适航管理由中国民用航空局负责。民用航空器适航管理的宗旨是保障民用航空安全,维护公众利益,促进民用航空事业的发展。

课堂小提示

> 航空器必须满足以下两个条件方能称其是适航的:
> (1)航空器必须始终满足符合其型号设计要求;
> (2)航空器必须始终处于安全运行状态。

2. 民用航空器适航管理的特点

（1）权威性。适航管理部门的权威性取决于其社会地位和自身的公正性。适航部门代表国家行使管理权，所依据的适航标准和审查监督规则、规章具有国家法律效力，具有强制性。

（2）国际性。航空器既是国际间航空运输的重要工具，也是国际上的重要商品。航空产品的进出口，特别是航空器的生产日趋国际化，决定了各国的适航管理必然具有国际性。

（3）完整性。适航管理的完整性包含着整体完整性和过程完整性两个方面。适航管理的完整性既是客观的需要，也是把握客观事物发展规律的要求。

（4）动态发展性。适航管理不能是静态的、永恒不变的，而应是动态发展的。因为航空科技进步和航空业的不断发展，要求各国适航管理部门不断改进和增加新的适航标准，适航管理也必然随之变化发展。

（5）独立性。为了保证适航管理部门在立法和执法工作上的公正性与合理性，各国适航部门几乎都是在经济上和管理体制上独立于民用航空设计、制造、使用和维修等环节之外的政府审查监督机构。只有这种具有独立性的适航部门，才能真正严格地按照国家航空安全与发展改革的需求，保障民用航空安全和促进民用航空运输业及制造业的发展。

二、民用航空器适航管理的分类

民用航空器的适航管理分为初始适航管理和持续适航管理。

（1）初始适航管理，是在航空器交付使用之前，适航部门依据各类适航标准和规范，对民用航空器的设计和制造所进行的型号合格审定与生产许可审定，以确保航空器和航空器部件的设计、制造是按照适航部门的规定进行的。初始适航管理是对设计、制造的控制。通常的程序为适航管理部门受理申请人申请的项目以后，指派审查组，拟定审查计划，确定审查标准，要求或提出专用条件，现场进行符合性检查和评估，审查合格的颁发证件。发证后对持证人要进行监督检查，必要时采取行政措施，促使持证人纠正存在的问题。

（2）持续适航管理，是在航空器满足初始适航标准和规范、满足型号设计要求、符合型号合格审定基础，获得适航证、投入运行后，为保持它在设计制造时的基本安全标准或适航水平，为保证航空器能始终处于安全运行状态而进行的管理。持续适航管理是对使用、维修的控制。

航空器及航空器的使用、维修人员和单位是持续适航管理的三个主要对象。在中华人民共和国境内从事民用航空器（含航空发动机和螺旋桨，下同）的设计、生产、使用及维修的单位和个人；向中华人民共和国出口民用航空器的外国单位和个人；在中华人民共和国境外维修并在中华人民共和国注册登记的民用航空器的单位和个人，均须遵守中华人民共和国的适航管理法律、行政法规和民用航空规章。

三、民用航空器适航管理的工作内容

我国《民用航空器适航管理条例》第十四条规定，任何单位或个人的民用航空器取得适航证以后，必须按照民航局的有关规定和适航指令，使用和维修民用航空器，保证其始终处于持续适航状态。航空器的适航包括三个方面的内容，即航空器的设计、制造和维护与维修。三者的完美结合，才能满足真正意义上的适航要求，这就需要保证航空器设计的完整性，制造的高质量、符合（设计）性，维修的持续适航性。

1. 民用航空器（含航空发动机、螺旋桨）的设计适航管理

我国《民用航空法》第三十四条规定：设计民用航空器及其发动机、螺旋桨和民用航空器上设备，应当向国务院民用航空主管部门申请领取型号合格证书。经审查合格的，发给型号合格证书。

2. 民用航空器的生产、维修适航管理

我国《民用航空法》第三十五条规定：生产、维修民用航空器及其发动机、螺旋桨和民用航空器上设备，应当向国务院民用航空主管部门申请领取生产许可证书、维修许可证书。经审查合格的，发给相应的证书。

3. 民用航空器的进、出口适航管理

我国《民用航空法》第三十六条规定：外国制造人生产的任何型号的民用航空器及其发动机、螺旋桨和民用航空器上设备，首次进口中国的，该外国制造人应当向国务院民用航空主管部门申请领取型号认可证书。经审查合格的，发给型号认可证书。

已取得外国颁发的型号合格证书的民用航空器及其发动机、螺旋桨和民用航空器上设备，首次在中国境内生产的，该型号合格证书的持有人应当向国务院民用航空主管部门申请领取型号认可证书。经审查合格的，发给型号认可证书。

我国《民用航空法》第三十七条规定：出口民用航空器及其发动机、螺旋桨和民用航空器上设备，制造人应当向国务院民用航空主管部门申请领取出口适航证书。经审查合格的，发给出口适航证书。

租用的外国民用航空器，应当经国务院民用航空主管部门对其原国籍登记国发给的适航证书审查认可或者另发适航证书，方可飞行。

4. 民用航空器的使用适航管理

民用航空器的所有人或者承租人，应当严格按照所持有的适航证书的类别和使用范围从事相应的飞行活动，不可超范围飞行，同时要认真做好民用航空器的维护保养工作，使民用航空器处于适航状态，以保证民用航空活动的安全进行，提高民用航空

器事业的整体安全水平,促进民航事业发展和进步。民用航空器的使用适航管理工作主要包括以下方面:

(1)民用航空器的所有人或者承租人要按照适航证书规定的使用范围使用民用航空器。

(2)民用航空器的所有人或者承租人应当做好民用航空器的维修保养工作。

(3)民用航空器的所有人或者承租人要保证民用航空器处于适航状态。民用航空器的所有人或者承租人当发现民用航空器处于不适航状态时,应当及时报告,适航管理部门将视情况暂停其适航证书的有效性。

案例:山西地方航空公司飞机坠毁事故

知识链接

民用航空器不适航状态

民用航空器在发生以下三种情况之一时,即处于不适航状态:
(1)航空器存在某种可疑的危及安全的特征;
(2)航空器遭到损伤而短期内不能修复;
(3)航空器封藏。

四、违反适航管理规定的法律责任

由于民用航空适航管理在民用航空活动中具有重要作用,我国《民用航空法》《民用航空器适航管理条例》对此作了许多规定。

1.《民用航空法》相关规定

民用航空器无适航证书而飞行,或者租用的外国民用航空器未经国务院民用航空主管部门对其原国籍登记国发给的适航证书审查认可,或者另发适航证书而飞行的,由国务院民用航空主管部门责令停止飞行,没收违法所得,可以并处违法所得一倍以上五倍以下的罚款;没有违法所得的,处以十万元以上一百万元以下的罚款。适航证书失效或者超过适航证书规定范围飞行的,依照规定处罚。

将未取得型号合格证书、型号认可证书的民用航空器及其发动机、螺旋桨或者民用航空器上的设备投入生产的,由国务院民用航空主管部门责令停止生产,没收违法所得,可以并处违法所得一倍以下的罚款;没有违法所得的,处以五万元以上五十万元以下的罚款。

未取得生产许可证书、维修许可证书而从事生产、维修活动的，违反规定，未取得公共航空运输经营许可证或者通用航空经营许可证，而从事公共航空运输或者从事经营性通用航空的，国务院民用航空主管部门可以责令停止生产、维修或经营活动。

已取得符合规定的生产许可证书、维修许可证书的企业，因生产、维修的质量问题造成严重事故的，国务院民用航空主管部门可以吊销其生产许可证书或维修许可证书。

2.《民用航空器适航管理条例》相关规定

民航局有权对生产、使用、维修民用航空器的单位或个人以及取得适航证的民用航空器进行定期检查或者抽查；经检查与抽查不合格的，民航局除按规定对其处罚外，还可吊销其有关证件。

使用民用航空器进行飞行活动的任何单位或个人具有下列情形之一的，民航局有权责令其停止飞行，并视情节轻重处以罚款：

（1）民用航空器未取得适航证的；
（2）民用航空器适航证已经失效的；
（3）使用民用航空器超越适航证规定范围的。

维修民用航空器的单位或者个人，有下列情形之一的，民航局有权责令其停止维修业务或者吊销其维修许可证，并视情节轻重处以罚款：

拓展阅读：中美南海撞机案

（1）未取得维修许可证，擅自承接维修业务的；
（2）超过维修许可证规定的业务范围，承接维修业务的；
（3）由未取得维修人员执照的人员负责民用航空器的维修并放行的。

模块小结

本模块讲述的是航空器管理法律制度知识。航空器是航空活动的工具。航空器具有其登记的国家的国籍，只能登记一国国籍，不得具有双重国籍。民用航空器是民法上重要的物，围绕民用航空器产生了各种法律关系，形成了一系列民用航空器所有权、抵押权、优先权以及权利登记制度。民用航空器适航管理，是以保障民用航空器的安全为目标的技术管理，是国务院民用航空主管部门在指定各种最低安全标准的基础上，对民用航空器的设计、制造、使用和维修等环节进行科学、统一的审查、鉴定、监督和管理。

课后练习

【单选题】

1. 下列不属于航空器的是（　　）。
   A. 滑翔机　　　　B. 气球　　　　C. 导弹　　　　D. 风筝
2. 民用航空器标志一般分为国籍标志和登记标志。我国民用航空器国籍标志是（　　）。
   A. D　　　　B. C　　　　C. A　　　　D. B

【思考题】

1. 什么是航空器？航空器根据其使用性质可分为哪几类？
2. 民用航空器国籍的意义是什么？
3. 简述航空器权利的主要内容。
4. 民用航空器适航管理工作包括哪些内容？

课后实训

收集主流航空大国航空器的国籍标志、登记标志和航徽信息

1. 实训目标

通过在网络或报纸杂志上查找各国的航空器的国籍标志、登记标志和航徽信息，进一步认识国籍标志和登记标志的意义，拓展对世界主流航空企业、航空国的相关知识的视野，开阔眼界。

2. 实训准备

分组训练，每组 5～10 人。

3. 实训时间

学完国际航空公约后由学生课下完成，时间为 1 周，做完后可以利用 1 课时组织学生交流经验和成果。

4. 实训办法

（1）小组成员召开会议，进行讨论与分工。

（2）采用多种方法查找相关的资料和案例，确保来源真实可靠有针对性。

（3）将查找的资料进行汇总整理。

5. 考核办法

每组派一位同学上台选取有代表性的案例进行观点陈述，表明自己的感想和看法。教师组织大家讨论，然后根据各组资料收集情况、课堂发言情况考核打分。

模块三
航空人员管理法律制度

1. 了解航空人员的定义及法律责任；
2. 熟悉航空人员的资格与条件要求；
3. 熟悉机组的组成，了解机长的法律地位，熟悉机长的资格要求；
4. 掌握机长的权力与职责。

1. 能够理解航空人员的职务要求；
2. 能够按照航空人员的职位规范要求自己。

1. 培养法律意识，养成诚信敬业、严谨细致的工作作风和行为习惯；
2. 遵纪守法，树立规则意识。

案例导入

冯先生购买了某航班经济舱机票,在登机后,他发现头等舱还空了一个座位,于是就坐了上去。航班乘务员发现后,提醒他需按自己的座位就座,但冯先生没听。乘务员说,买的是经济舱怎么能坐头等舱呢?冯先生提出要求升舱,因为临近起飞乘务员现场也无法办理,冯先生不能升舱。

僵持中,该航班机长说,为了配载平衡安全,冯先生必须作出两个选择,要么下机要么回到自己的座位上。冯先生觉得空着座位不能坐,想升舱也不能升,机长还要"摆谱"让他做选择,于是扔出一句话:"可以先回自己的座位,等起飞了这事还得再说!"机长听后,认为冯先生的话有妨碍飞行安全之嫌,要求其立即下机,并报告了地面公安。最终,冯先生被民警带下飞机。

带下飞机后,航空公司为其改签第二天的航班,免费安排就近酒店住宿一晚。

案例思考:机长是否有权以妨碍飞行安全为由报请警察将乘客带离?

模块三 航空人员管理法律制度

单元一　航空人员的基本概念

一、航空人员的定义

航空人员是指领有执照，从事直接与空中航行有关工作的专业人员。国际上没有航空人员的统一定义，各国对航空人员的定义各有不同。

《民用航空法》规定：航空人员，是指从事民用航空活动的空勤人员和地面人员。其中，空勤人员包括驾驶员、飞行机械人员、乘务员；地面人员包括民用航空器维修人员、空中交通管制员、飞行签派员、航空电台通信员。

二、航空人员的法律责任

法律责任是指行为人由于违法行为、违约行为或者由于法律规定而承受的某种不利的法律后果。航空人员的法律责任主要包括行政责任、民事责任与刑事责任。

1. 行政责任

作为一种履行职务行为，民航工作人员在工作中违反相关管理制度，要接受民航部门的行政处分，从而承担相应的行政责任。

2. 民事责任

众所周知，航空公司由于航班延误或飞行事故应当向乘客承担民事责任，而民航人员在履行职务过程中，由于自身过错造成乘客人身财物损失的，乘客同样可以要求其承担自身的民事责任。

3. 刑事责任

航空人员违反规章制度，致使发生重大飞行事故，造成严重后果的，就构成飞行重大安全事故罪，依法应当承担相应的刑事责任。此外，根据具体情况，民航人员还应承担其他刑事责任。

新闻阅读：机长乘务长空中斗殴事件

单元二　航空人员的资格与条件要求

一、航空人员的资格

《芝加哥公约》附件1第1.2.11条规定:"除非持有符合本附件规范并与其职务相适应的有效执照,否则任何人不得担任航空器飞行机组成员。所持执照必须是由航空器登记国签发的执照,或由任何其他缔约国签发并由航空器登记国认可有效的执照。"

《民用航空法》第四十条规定:航空人员应当接受专门训练,经考核合格,取得国务院民用航空主管部门颁发的执照,方可担任其执照载明的工作。空勤人员和空中交通管制员在取得执照前,还应当接受国务院民用航空主管部门认可的体格检查单位的检查,并取得国务院民用航空主管部门颁发的体格检查合格证书。

(一)航空人员的执照及分类

航空人员执照制度是飞行安全管理的重要内容。为统一国际标准,使各国在本国的立法中有所参照,国际民用航空组织在《芝加哥公约》附件1中就人员执照问题作了较为详细的规定。民航总局自1985年以来先后发布了许多有关规定,就各类发照人员分别在年龄、知识、经验、技能和体检合格等方面制定了不同的标准和具体要求。凡符合规定标准和要求的,民航总局授权有关职能部门可依据此颁发执照。

航空人员的业务执照种类繁多,根据工作性质的不同需要具备不同的专业执照。

(1)飞行人员执照。飞行人员执照可分为驾驶员、飞行领航员、飞行无线电通信员、飞行机械员(工程师)执照。

(2)乘务人员执照。乘务人员执照可分为A、B、C三类:A类执照适用于执行国际航线(含地区航线)、国内航线飞行任务;B类执照适用于执行国内航线(不含地区航线)飞行任务;C类执照为实习生执照,临时执照,适用于执行国内航线(不含地区航线)飞行任务。

(3)维修人员执照。我国机务维修人员的执照可分为三类:民用航空器维修人员执照、民用航空器部件修理人员执照及民用航空器维修管理人员资格证书。

(4)空中交通管制人员执照。空中交通管制人员的执照可分为机场塔台管制员执照、进近管制员执照、区域管制员执照、进近(监视)雷达管制员执照、进近(精密)雷达管制员执照、区域(监视)雷达管制员执照、空中交通服务报告室管制员执照、地区管理局调度室管制员执照、总局调度室管制员执照。

模块三　航空人员管理法律制度

> **知识链接**
>
> **颁发执照的意义**
>
> 　　颁发执照是授权进行指定活动的行为。如未领得执照，禁止从事该项活动，因为不正确地进行这种活动可能导致严重后果。执照的申请人必须符合某些规定的要求。这些要求是与所任工作的复杂程度成比例的。颁发执照是检查考试，是随机地检查体格是否合格和测试能力能否胜任，以保证申请人能独立工作，所以，要达到全面胜任，训练和颁发执照是不能分割的。

（二）航空人员资格的取得

当航空人员符合规定的标准和要求，获得执照的同时也就取得了任职资格。

1. 驾驶员资格的取得

在中国进行国籍登记（以下简称为"登记"）的航空器上担任飞行机组必需成员的驾驶员，应当持有按规定颁发或认可的有效驾驶员执照，并且在行使相应权利时随身携带该执照。当中国登记的航空器在外国境内运行时，可以使用该航空器运行所在国颁发或认可的有效驾驶员执照。

在中国境内运行的外国登记的航空器上担任飞行机组必需成员的驾驶员，应当持有按规定颁发或认可的有效驾驶员执照，或持有由航空器登记国颁发或认可的有效驾驶员执照，并且在行使相应权利时随身携带该执照。

2014年7月10日修订的《民用航空器驾驶员和地面教员合格审定规则》第61.5条规定：民航局飞行标准职能部门统一管理民用航空器驾驶员与地面教员合格审定工作，负责全国民用航空器驾驶员和地面教员的执照以及等级的颁发与管理工作。地区管理局及其派出机构的飞行标准职能部门根据民航局飞行标准职能部门的规定，具体负责本地区民用航空器驾驶员和地面教员执照以及等级的颁发与管理工作。

驾驶员执照的类型。《民用航空器驾驶员和地面教员合格审定规则》规定，驾驶员执照分为以下六种类型：

（1）学生驾驶员执照。学生驾驶员执照申请条件如下：

1）年满16周岁。

2）5年内无犯罪记录。

3）能正确读、听、说、写汉语，无影响双向无线电通话的口音和口吃。申请人因某种原因不能满足部分要求的，局方应当在其执照上签注必要的运行限制。

4）持有局方颁发的现行有效Ⅱ级或者Ⅰ级体检合格证。

为取得运动驾驶员执照的学生驾驶员应符合下列条件：

1）年满16周岁，但仅申请操作滑翔机或自由气球的为年满14周岁。

2）无犯罪记录。

3）能正确读、听、说、写汉语，无影响双向无线电通话的口音和口吃。申请人因某种原因不能满足部分要求的，应申请学生驾驶员执照，并由局方在其执照上签注必要的运行限制。

4）持有局方颁发的现行有效体检合格证。

（2）运动驾驶员执照。运动驾驶员执照申请条件如下：

1）年满17周岁，但仅申请操作滑翔机或自由气球的为年满16周岁。

2）5年内无犯罪记录。

3）能正确读、听、说、写汉语，无影响双向无线电通话的口音和口吃。申请人因某种原因不能满足部分要求的，局方应当在其执照上签注必要的运行限制。

4）具有初中或者初中以上文化程度。

5）持有局方颁发的现行有效体检合格证。

6）完成了要求的相应航空器等级的航空知识训练，并由提供训练或者评审其自学情况的授权教员在其飞行经历记录本上签字，证明该申请人可以参加规定的理论考试。

7）通过了所要求航空知识的理论考试。

8）完成了要求的相应航空器等级的飞行技能训练，并由提供训练的授权教员在其飞行经历记录本上签字，证明该申请人可以参加规定的实践考试。

9）在申请实践考试之前，满足适用于所申请航空器等级的飞行经历要求。

10）通过了适用于所申请航空器等级的飞行技能的实践考试。

11）符合对所申请航空器等级的相应条款要求。

（3）私用驾驶员执照。私用驾驶员执照申请条件如下：

1）年满17周岁。

2）5年内无犯罪记录。

3）能正确读、听、说、写汉语，无影响双向无线电通话的口音和口吃。申请人因某种原因不能满足部分要求的，局方应当在其执照上签注必要的运行限制。

4）具有初中或者初中以上文化程度。

5）持有局方颁发的现行有效Ⅱ级或者Ⅰ级体检合格证。

6）完成了要求的相应航空器等级的航空知识训练，并由提供训练或者评审其自学情况的授权教员在其飞行经历记录本上签字，证明该申请人可以参加规定的理论考试。

7）通过了所要求航空知识的理论考试。

8）完成了要求的相应航空器等级的飞行技能训练，并由提供训练的授权教员在其飞行经历记录本上签字，证明该申请人可以参加规定的实践考试。

9）在申请实践考试之前，满足适用于所申请航空器等级的飞行经历要求。

10）通过了所要求飞行技能的实践考试。

11）符合对所申请航空器类别和级别等级的相应条款要求。

（4）商用驾驶员执照。商用驾驶员执照申请条件如下：

1）年满 18 周岁。

2）无犯罪记录。

3）能正确读、听、说、写汉语，无影响双向无线电通话的口音和口吃。申请人因某种原因不能满足部分要求的，局方应当在其执照上签注必要的运行限制。

4）具有高中或者高中以上文化程度。

5）持有局方颁发的有效 I 级体检合格证。

6）完成了要求的相应航空器等级的航空知识训练，并由提供训练或者评审其自学情况的授权教员在其飞行经历记录本上签字，证明该申请人可以参加规定的理论考试。

7）通过了所要求航空知识的理论考试。

8）完成了要求的相应航空器等级的飞行技能训练，并由提供训练的授权教员在其飞行经历记录本上签字，证明该申请人可以参加规定的实践考试。

9）在申请实践考试之前，满足适用于所申请航空器等级的飞行经历要求。

10）通过了所要求飞行技能的实践考试；至少持有按本规则颁发的私用驾驶员执照，或满足本规则第 61.91 条或 61.93 条要求。

11）出现本规则第 61.173 条（c）款（1）、（2）情形的，安全飞行已满 3 年。

12）符合本规则对所申请航空器类别和级别等级的相应条款要求。

（5）飞机类别多人制机组驾驶员执照。飞机类别多人制机组驾驶员执照申请条件如下：

1）年满 18 周岁。

2）无犯罪记录。

3）能正确读、听、说、写汉语，无影响双向无线电通话的口音和口吃。申请人因某种原因不能满足部分要求的，局方应当在其执照上签注必要的运行限制。

4）具有大学本科或大学本科以上文化程度。

5）持有局方颁发的有效 I 级体检合格证。

6）持有按本规则颁发的私用驾驶员执照。

7）在申请实践考试之前，满足要求的飞行经历要求。

8）通过 ICAO 英语无线电通信 3 级或 3 级以上等级考试。

9）达到对航空理论知识的要求，并通过了关于仪表等级、商用驾驶员执照和航线运输驾驶员执照所要求航空知识的理论考试。

10）出现本规则第61.179（f）款（1）、（2）情形的，安全飞行已满3年。

11）通过了所要求飞行技能的实践考试。

（6）航线运输驾驶员执照。航线运输驾驶员执照申请条件如下：

1）年满21周岁。

2）无犯罪记录。

3）能正确读、听、说、写汉语，无影响双向无线电通话的口音和口吃。申请人因某种原因不能满足部分要求的，局方应当在其执照上签注必要的运行限制。

4）具有高中或高中以上文化程度。

5）持有局方颁发的有效Ⅰ级体检合格证。

6）持有按本规则颁发的商用驾驶员执照和仪表等级或持有按本规则颁发的多人制机组驾驶员执照。

7）在申请实践考试之前，满足适用于所申请航空器等级的飞行经历要求。

8）通过了所要求航空知识的理论考试。

9）通过了所要求飞行技能的实践考试。

10）出现本规则第61.197条（e）款（1）情形的，不得申请按照本规则颁发的航线运输驾驶员执照。

11）出现本规则第61.197条（e）款（2）情形的，安全飞行已满10年。

12）出现本规则第61.197条（e）款（3）情形的，安全飞行已满2年。

13）符合本规则适用于所申请航空器类别和级别等级的相应条款的要求。

2. 飞行机械员资格的取得

《民用航空器领航员、飞行机械员、飞行通信员合格审定规则》规定，飞行机械员执照资格取得应符合以下要求：

（1）至少年满18周岁，最大不得超过60周岁；

（2）有良好的道德品质；

（3）能读、说和听懂汉语，否则在其执照、合格证上签注适当的限制；

（4）大专毕业或局方根据申请人一般经历和航空经历、知识与技术认可的等效水平；

（5）持有民航总局颁发的有效体格检查合格证；

（6）符合本规则相应执照、合格证或等级的条件。

3. 航空乘务员资格的取得

2021年3月15日起，新修订的《大型飞机公共航空运输承运人运行合格审定规则》正式实施。第121.391条规定，为保证安全运行，合格证持有人在所用每架载运旅客的飞机上，应当按照下列要求配备客舱乘务员：

（1）对于旅客座位数量为 20 至 50 的飞机，至少配备 1 名客舱乘务员；

（2）对于旅客座位数量为 51 至 100 的飞机，至少配备 2 名客舱乘务员；

（3）对于旅客座位数量超过 100 的飞机，在配备 2 名客舱乘务员的基础上，按照每增加 50 个旅客座位增加 1 名客舱乘务员的方法配备，不足 50 的余数部分按照 50 计算。

第 121.477 条规定，客舱乘务员的合格要求如下：

（1）在飞机上担任客舱乘务员的人员，应当通过局方按照本规则批准的训练大纲训练并经合格证持有人检查合格。在按照本规则运行时，应当持有现行有效的航空人员体检合格证和客舱乘务员训练合格证。

（2）客舱乘务员应于前 12 个日历月之内，在按照本规则第 121.538 条要求所批准的可服务的一种机型上，至少已飞行 2 个航段，方可在此机型上担任客舱乘务员。

4. 民用航空器维修人员资格的取得

航空器维修人员执照按照航空器类别分为飞机和旋翼机两类，并标明适用安装的发动机类别。《民用航空器维修人员执照管理规则》第 66.6 条规定，航空器维修人员执照的取得应当具备下列条件：

（1）年满 18 周岁；

（2）无影响维修工作的色盲或者色弱；

（3）具有大专以上（含大专，下同）学历；

（4）完成要求的航空器维修基础知识培训；

（5）具备至少 1 年的经所在单位授权从事民用航空器或者航空器部件维修工作的经历（培训和实习不计算在内），或者为理工科专业大专以上学历人员并完成要求的航空器维修实作培训；

（6）通过要求的航空器维修人员执照的考试；

（7）完成要求的航空维修技术英语等级测试；

（8）民航行业信用信息记录中没有航空器维修相关的严重失信行为记录。

> **课堂小提示**
>
> 取得航空器维修人员执照后，可以维修放行除复杂航空器之外的其他航空器。航空器维修人员执照上加注复杂航空器的机型签署后，航空器维修人员执照持有人方可维修放行对应型号的复杂航空器。

5. 空中交通管制员资格的取得

空中交通管制员执照类别包括机场管制、进近管制、区域管制、进近雷达管制、精密进近雷达管制、区域雷达管制、飞行服务和运行监控八类。

《民用航空空中交通管制员执照管理规则》第十五条规定，管制员执照申请人应当具备下列条件：

（1）具有中华人民共和国国籍；

（2）热爱民航事业，具有良好的品行；

（3）年满21周岁；

（4）具有大学专科（含）以上文化程度；

（5）能正确读、听、说、写汉语，口齿清楚，无影响双向无线电通话的口吃和口音；

（6）通过规定的体检，取得有效的体检合格证；

（7）完成规定的专业培训，取得有效的培训合格证；

（8）通过理论考试，取得有效的理论考试合格证；

（9）通过技能考核，取得有效的技能考核合格证；

案例：飞行员辞职被索赔

（10）符合本规则规定的管制员执照申请人经历要求。

6. 飞行签派员资格的取得

《民用航空飞行签派员执照管理规则》第65.11条规定，飞行签派员执照申请人应当满足下列要求：

（1）年满21周岁，身体健康；

（2）具有大学专科（含）以上学历；

（3）能够读、说、写并且理解汉语；

（4）通过规定的理论考试；

（5）满足规定的经历和训练要求；

（6）通过规定的实践考试；

（7）根据规定颁发的书面毕业证明的颁发日期距申请之日不超过24个日历月。如若逾期，申请人需重新参加200学时的课程训练。

7. 航空电信人员资格的取得

民用航空电信人员，是指从事民用航空通信导航监视服务保障工作的技术人员。电信人员执照，是指执照持有人具有符合要求的知识、技能和经历，以及有资格从事通信导航监视服务保障工作的证明文件。

《民用航空电信人员执照管理规则》第十六条规定，航空电信人员执照申请人应当具备下列条件：

（1）具有大学专科（含）以上文化程度；

(2）通过理论考试，取得有效的理论考试合格证；
(3）通过技能考核，取得有效的技能考核合格证；
(4）符合本规则规定的申请人培训和经历要求；
(5）符合通信导航监视服务保障工作岗位应当具备的身体条件。

> **知识链接**
>
> **执照取得考核**
>
> 颁发执照前，除必须符合各相关执照的具体资格要求外，还必须对申请人进行考核。考核分为理论考试和技术考核两项内容，由中国民用航空主管当局授权的单位和技术检查人员负责进行。执照申请人各科理论考试（按100分制）成绩在80分以上，技术考核（按优、良、中、差）各科成绩在"良"以上，方可颁发执照。

（三）航空人员资格的丧失

航空人员在取得资格后因种种原因未能继续符合规定的要求和达到规定的标准，其航空人员的资格即告丧失。航空人员资格的丧失可以有4种情况，即执照的暂停、吊销、自然中断和注销。

二、航空人员的体检要求

由于航空人员的健康状况直接关系到空中航行的安全问题，所以认真地实施对空勤人员和空中交通管制员的健康监督，是切实保障飞行安全不可缺少的环节，是所有有关人员的共同利益所在。

为了保证从事民用航空活动的空勤人员和空中交通管制员身体状况符合履行职责与飞行安全的要求，《民用航空法》规定，空勤人员和空中交通管制员在取得执照前，还应当接受国务院民用航空主管部门认可的体格检查单位的检查，并取得国务院民用航空主管部门颁发的体格检查合格证书。空勤人员在执行飞行任务时应当随身携带执照和体格检查证书，并接受国务院民用航空主管部门的查验。

《中国民用航空人员医学标准和体检合格证管理规则》第67.13条、第67.21条规定，航空人员的体检合格证共分为4个等级，分别为Ⅰ级体检合格证、Ⅱ级体检合格证、Ⅲ级体检合格证（包括Ⅲa、Ⅲb级体检合格证）及Ⅳ级体检合格证（包括Ⅳa、Ⅳb

级体检合格证)。

体检合格证的适用范围如下:

(1)航空人员执照申请人在申请取得下列执照时,或执照持有人在行使下列执照权利时必须持有Ⅰ级体检合格证:

1)航线运输驾驶员执照;

2)飞机和旋翼机商用驾驶员执照;

3)领航员执照和领航学员合格证;

4)飞行机械员执照和飞行机械学员合格证。

(2)航空人员执照申请人在申请取得下列执照时,或执照持有人在行使下列执照权利时,必须持有Ⅱ级体检合格证或Ⅰ级体检合格证:

1)飞行通信员执照和飞行通信学员合格证;

2)初级飞机、滑翔机和轻于空气的航空器商用驾驶员执照;

3)私用驾驶员执照。

(3)以培养航线运输驾驶员或飞机和旋翼机商用驾驶员为目标的学生驾驶员,在申请执照时或在行使执照权利时必须持有Ⅰ级体检合格证;其他学生驾驶员在申请执照时或在行使执照权利时必须持有Ⅱ级体检合格证或Ⅰ级体检合格证。

(4)机场塔台管制员、进近管制员、区域管制员、进近(监视)雷达管制员、进近(精密)雷达管制员、区域(监视)雷达管制员执照申请人在申请执照时或执照持有人在行使执照权利时,必须持有Ⅲa级体检合格证;空中交通服务报告室管制员、地区管理局调度室管制员、总局调度室管制员和飞行签派员执照申请人在申请执照时或执照持有人在行使执照权利时,必须持有Ⅲb级体检合格证或Ⅲa级体检合格证。

(5)乘务员在履行职责时必须持有Ⅳa级体检合格证;航空安全员执照申请人在申请执照时或执照持有人在行使执照权利时,必须持有Ⅳb级体检合格证。

《中国民用航空人员医学标准和体检合格证管理规则》第67.23条规定,体检合格证有效期为:

(1)根据体检合格证持有人在运行中所行使执照的权利,Ⅰ级体检合格证有效期分别为:

1)航线运输驾驶员、飞机和旋翼机商用驾驶员的为12个月,其中年龄满40周岁及以上者为6个月。

2)领航员、领航学员的为12个月;飞行机械员、飞行机械学员的为12个月。

3)以培养航线运输驾驶员或飞机和旋翼机商用驾驶员为目标的学生驾驶员的为12个月。

4)行使本条(2)款所列权利时,有效期按本条(2)款执行。

(2)根据体检合格证持有人在运行中所行使执照的权利,Ⅱ级体检合格证的有效期分别为：

1）飞行通信员、飞行通信学员的为 12 个月；

2）私用驾驶员和初级飞机、滑翔机、轻于空气的航空器的商用驾驶员及其学生驾驶员的为 24 个月，其中年龄满 40 周岁及以上者为 12 个月。

（3）根据体检合格证持有人在运行中所行使执照的权利，Ⅲ级体检合格证的有效期分别为：

1）Ⅲa 级体检合格证：机场塔台管制员、进近管制员、区域管制员、进近（监视）雷达管制员、进近（精密）雷达管制员、区域（监视）雷达管制员的为 24 个月，其中年龄满 40 周岁及以上者为 12 个月；

2）Ⅲb 级体检合格证：空中交通服务报告室管制员、地区管理局调度室管制员、总局调度室管制员和飞行签派员的为 24 个月。

（4）Ⅳ级体检合格证的有效期为 12 个月。

《民用航空器驾驶员和地面教员合格审定规则》第 61.25 条规定：

（1）驾驶员应当满足下列关于持有体检合格证的要求：

1）行使航线运输驾驶员执照和多人制机组驾驶员执照所赋予的权利时，驾驶员应当持有局方颁发的Ⅰ级体检合格证。

2）行使飞机、直升机或倾转旋翼机商用驾驶员执照所赋予的权利时，驾驶员应当持有局方颁发的Ⅰ级体检合格证。

3）行使下列权利时，驾驶员应当持有局方颁发的Ⅱ级或者Ⅰ级体检合格证：

①私用驾驶员执照所赋予的权利；

②学生驾驶员执照所赋予的权利；

③飞艇驾驶员执照所赋予的权利。

4）行使运动驾驶员执照所赋予的权利时，驾驶员应当持有局方颁发的体检合格证；对于在境外行使自由气球或滑翔机类别等级的运动驾驶员执照所赋予的权利时，驾驶员应当持有局方颁发的Ⅱ级或者Ⅰ级体检合格证。

（2）下列情形下，驾驶员可以不持有体检合格证：

1）行使地面教员执照所赋予的权利；

2）作为飞行教员、考试员或者检查员，在飞行模拟机或者飞行训练器上进行的为取得执照或等级的训练、考试及检查；

3）在飞行模拟机或者飞行训练器上接受为取得执照或等级的训练、考试及检查。

拓展阅读：对民航飞行员考生身体条件的要求

> **课堂小提示**
>
> 体检合格证有效期期满日期的计算方法,应当自合格的体检鉴定结论做出之日的下一个日历月的第一日起至有关规定的相应期限的最后一个日历月的最后一日止。

三、航空人员的作息时限

为了确保飞行安全,防止飞行人员疲劳,保护飞行人员的身体健康,《民用航空法》第七十七条第一款规定,民用航空器机组人员的飞行时间、执勤时间不得超过国务院民用航空主管部门规定的时限。据此,中国民航局先后发布了相关规定,对各类航空人员的值勤时间、飞行时间、休息时间作出了明确的规定,有些甚至是限制性的规定。

飞行时间是指机组成员在飞机飞行期间的值勤时间,包括在座飞行时间(飞行经历时间)和不在座飞行时间。值勤时间是指机组成员在接受合格证持有人安排的飞行任务后,从报到时刻开始,到解除任务为止的连续时间。休息时间是指机组成员到达休息地点起,到为执行下一个任务离开休息地点为止的连续时间。

1. 驾驶员的作息时限

《大型飞机公共航空运输承运人进行运行合格审定规则》第 121.483 条规定,驾驶员值勤期限制、飞行时间限制和休息要求如下:

(1)飞行机组的飞行时间限制:

1)在一个值勤期内,合格证持有人不得为飞行机组成员安排,飞行机组成员也不得接受超出以下规定限制的飞行时间:

①非扩编飞行机组执行任务时,按表 3-1 规定的飞行时间限制。

表 3-1 非扩编飞行机组运行最大飞行时间限制

报到时间	最大飞行时间 / 小时
00:00—04:59	8
05:00—19:59	9
20:00—23:59	8

②配备 3 名驾驶员的扩编飞行机组执行任务时,总飞行时间为 13 小时。

③配备 4 名驾驶员的扩编飞行机组执行任务时,总飞行时间为 17 小时。

2)如果在飞机起飞后发生超出合格证持有人控制的意外情况,为将飞机安全降落在下一个目的地机场或备降机场,飞行机组成员的飞行时间可以超出本条 1)款所规定的最大飞行时间限制以及第（3）2）款规定的累积飞行时间限制。

3）合格证持有人必须在 10 天内将任何超过本条所允许的最大飞行时间限制的情况报告局方，报告应包括以下内容：

①对于延长飞行时间限制及本次延长情况必要的说明；

②合格证持有人为将此类延长控制在最小范围内而采取的修正措施，如适用。

4）合格证持有人应在延长飞行时间限制事发当天起 30 天内实施本条第 3）②所规定的修正措施。

（2）飞行机组的飞行值勤期限制：

1）对于非扩编机组的运行，合格证持有人不得为飞行机组成员安排，飞行机组成员也不得接受超出表 3-2 规定限制的飞行值勤期；航段限制数不包括因备降所产生的航段。

表 3-2　非扩编飞行机组运行最大飞行值勤期限制

报到时间	根据航段数量确定的飞行机组成员最大飞行值勤期/小时			
	1~4 个航段	5 个航段	6 个航段	7 个航段或以上
00：00—04：59	12	11	10	9
05：00—11：59	14	13	12	11
12：00—23：59	13	12	11	10

2）扩编飞行机组的运行。

①对于扩编飞行机组的运行，合格证持有人不得为飞行机组成员安排，飞行机组成员也不得接受超出表 3-3 规定限制的飞行值勤期。

表 3-3　扩编飞行机组运行最大飞行值勤期限制

报到时间	根据休息设施和飞行员数量确定的最大飞行值勤期/小时					
	1 级休息设施		2 级休息设施		3 级休息设施	
	3 名飞行员	4 名飞行员	3 名飞行员	4 名飞行员	3 名飞行员	4 名飞行员
00：00—23：59	18	20	17	19	16	18

②在所有飞行时间内，至少有一名机长或符合本规则要求的巡航机长在驾驶舱内操纵飞机。

③在着陆阶段执行操纵飞机任务的飞行机组成员，应在飞行值勤期的后半段获得至少连续 2 小时的休息时间；对于航段时间不足 2 小时的应保证执行操纵飞机任务的飞行机组成员在着陆前得到足够的休息。

3）起飞前发生意外运行情况下飞行值勤期的延长：

①机长和合格证持有人可以将表 3-2 或表 3-3 中允许的最大飞行值勤期延长 2 小时。

②上述①规定的将飞行值勤期延长 30 分钟以上的情况只可在获得下述（4）条 2）款规定的休息期之前发生一次。

③如果上述①规定的飞行值勤期的延长导致飞行机组成员超出下述（3）条 2）款所规定的累积值勤期限制，那么该飞行值勤期不得延长。

④合格证持有人必须在 10 日内将任何超过表 3-2 或表 3-3 所允许的最大飞行值勤期限制 30 分钟以上的情况报告局方，报告应包括以下信息：

a. 对于延长飞行值勤期限制及本次延长必要情况的说明；

b. 合格证持有人为将此类延长控制在最小范围内而采取的修正措施，如适用。

⑤合格证持有人必须在延长飞行值勤期限制事发当天起 30 天内实施上述④所规定的修正措施。

4）起飞后发生意外运行情况下飞行值勤期的延长：

①机长和合格证持有人可以将表 3-2 或表 3-3 中允许的最大飞行值勤期延长至可以将飞机安全地降落在下一个目的地机场或备降机场；

②本条第 4）①款规定的将飞行值勤期延长 30 分钟以上的情况只可在获得下述（4）条 1）款规定的休息期之前发生一次；

③本条第 4）①款规定的值勤期的延长可以超出下述（3）条 3）款中所规定的累积飞行值勤期限制；

④合格证持有人必须在 10 日内将超过表 3-2 或表 3-3 飞行值勤期限制的情况报告局方，报告应包括对于延长飞行值勤期限制及本次延长必要情况的说明。

（3）飞行机组的累积飞行时间、值勤时间限制：

1）本条所规定的限制包括飞行机组成员在一段时期内代表合格证持有人所执行的所有飞行时间，含按照本规则实施的运行和本规则之外的运行，如训练、调机和作业飞行等。

2）合格证持有人不得为飞行机组成员安排，飞行机组成员也不得接受超出以下规定限制的飞行时间：

①任一日历月，100 小时的飞行时间；

②任一日历年，900 小时的飞行时间。

3）合格证持有人不得为飞行机组成员安排，飞行机组成员也不得接受超出以下规定限制的飞行值勤期：

①任何连续 7 个日历日，60 小时的飞行值勤期；

②任一日历月，210 小时的飞行值勤期。

（4）机组成员休息时间的附加要求：

1）合格证持有人不得在机组成员规定的休息期内为其安排任何工作，该机组成员也不得接受合格证持有人的任何工作。

2）任一机组成员在实施按本规则运行的飞行任务或者主备份前的 144 小时内，合格证持有人应当为其安排一个至少连续 48 小时的休息期。对于飞行值勤期的终止地点所在时区与机组成员的基地所在时区之间时差少于 6 个小时的，除仅实施全货物运输飞行的合格证持有人外，如机组成员飞行值勤期和主备份已达到 4 个连续日历日，不得安排机组成员在第 5 个日历日执行任何飞行任务，但是前续航班导致的备降情况除外。本条款所述基地是指合格证持有人确定的机组成员驻地并接受排班的地方。

3）如果飞行值勤期的终止地点所在时区与机组成员的基地所在时区之间有 6 个小时或者 6 个小时以上的时差，则当机组成员回到基地以后，合格证持有人必须为其安排一个至少连续 48 个小时的休息期。这一休息期应当在机组成员进入下一值勤期之前安排。

4）除非机组成员在前一个飞行值勤期结束后至下一个飞行值勤期开始前，获得了至少连续 10 个小时的休息期，否则任何合格证持有人不得安排，且任何机组成员也不得接受任何飞行值勤任务。

5）当合格证持有人为机组成员安排了其他值勤任务时，该任务时间可以计入飞行值勤期。当不计入飞行值勤期时，在飞行值勤期开始前应当为其安排至少 10 个小时的休息期。

2．客舱乘务员的工作时限

（1）客舱乘务员的飞行值勤期限制：

1）当按照规定的最低数量配备客舱乘务员时，客舱乘务员的飞行值勤期不得超过 14 小时。

2）在按照规定的最低数量配备上增加客舱乘务员人数时，客舱乘务员的飞行值勤期限制和休息要求应当符合如下规定：增加 1 名客舱乘务员，飞行值勤期不得超过 16 小时；增加 2 名客舱乘务员，飞行值勤期不得超过 18 小时；增加 3 名或者 3 名以上客舱乘务员，飞行值勤期不得超过 20 小时。

3）发生意外运行情况下飞行值勤期的延长。

①合格证持有人可以将本条 1）或 2）款规定的值勤期限制延长 2 小时或延长至可以将飞机安全地降落在下一个目的地机场或备降机场；

②将本条 1）或 2）款规定值勤期限延长 30 分钟以上的情况只可在获得上述 1.（4）条 2）款规定的休息期之前发生一次。

（2）客舱乘务员的累积飞行时间、值勤时间限制：

1）本条所规定的限制包括客舱乘务员在适当时期内代表合格证持有人所执行的所有飞行。

2）合格证持有人不得为客舱乘务员安排，客舱乘务员也不得接受超出以下规定限制的累积飞行时间：

①任一日历月，100 小时的飞行时间；

②任一日历年，1 100 小时的飞行时间。

3）合格证持有人不得为客舱乘务员安排，客舱乘务员也不得接受超出以下规定的累积飞行值勤时间限制：

①任何连续 7 个日历日，70 小时的飞行值勤期；

②任一日历月，230 小时的飞行值勤期。

4）客舱乘务员在飞机上履行安全保卫职责的时间应当计入客舱乘务员的飞行和值勤时间。

3. 飞行签派员的值勤时间限制

（1）合格证持有人应当规定飞行签派员日常的值勤时间。值勤时间应当从飞行签派员为签派飞机而了解气象情况和飞机运行情况时刻开始，至所签派的每架飞机已完成飞行，或者已超出其管辖范围，或者由另一位经审定合格的飞行签派员接替其工作时止。

（2）除出现了超出合格证持有人控制能力的情形或者紧急情况外，签派员的值勤时间限制应当符合下列要求：

1）任何合格证持有人不得安排飞行签派员连续值勤超过 10 小时；

2）如果飞行签派员在连续 24 小时内被安排值勤时间超过 10 小时，该合格证持有人应当在该飞行签派员值勤时间达到或者累计达到 10 小时之前为他提供至少连续 8 小时的休息时间；

3）合格证持有人应当在任意连续 7 个日历日内为飞行签派员安排一个至少连续 24 小时的休息期，或者在任一日历月中被安排相当时间的休息期。

（3）合格证持有人在经局方批准后，可以安排在境外工作的飞行签派员，在 24 小时内连续工作超过 10 小时，但在每个 24 小时期间内，应当安排该飞行签派员至少连续休息 8 小时。

知识链接

航空人员的日常行为规范

《民用航空法》第四十一条、第四十二条对航空人员的日常行为进行了规范，具体概括如下：

（1）空勤人员在执行飞行任务时，应当随身携带执照和体格检查合格证书，并接受国务院民用航空主管部门的查验。

（2）航空人员应当接受国务院民用航空主管部门定期或者不定期的检查和考核；经检查、考核合格的，方可继续担任其执照载明的工作。

模块三　航空人员管理法律制度

（3）空勤人员还应当参加定期的紧急程序训练。

（4）空勤人员间断飞行的时间超过国务院民用航空主管部门规定时限的，应当经过检查和考核；乘务员以外的空勤人员还应当经过带飞。经检查、考核、带飞合格的，方可继续担任其执照载明的工作。

案例

飞行人员辞职是否需要支付培训费

飞行员张某作为应届高中毕业生，参加国内某航空集团公司的选飞招考，经体检及各方面测试合格，进入国内某大学的飞行学院学习。学习两年后，该航空集团公司选送其到设在国外的飞行训练基地学习飞行。两年后，飞行员张某学成，与该航空集团公司的下属航空公司（子公司）签订了劳动合同，该合同为无固定期限合同。合同签订后，飞行员张某一直从事飞机副驾驶员职务。2006年，他提前一个月向航空公司提出辞职，遭航空公司拒绝。一个月期满后，航空公司未为其办理解除劳动合同手续。张某遂提出劳动仲裁，要求确认劳动合同关系解除，并要求航空公司转移相关的飞行技术资料及身体健康资料。航空公司提出，若解除劳动关系，张某需赔付招接收费用、定期复训费用和副驾驶带飞培训费用。

法院审理后，没有将张某作为副驾驶带飞培训发生的费用计入违约赔偿额。

"培训"成立应符合基本的要件：具有培训目的；培训方应提供必要的培训设施；为达到培训目的而支出特定费用。本案中，飞行员张某履行副驾驶职务的目的是保证飞机正常运行及飞行安全，属于正常履行职务后获取劳动报酬，可见，该飞行活动不具有培训目的。当航线飞行载客时，飞机是为运载旅客而使用，不能视为航线训练而使用，同时飞行员训练的种类并未提到"带飞训练"这一种类。无论带飞存在与否，飞行的运营成本仍应支付，该项支出并非培训支出的特定费用。航空公司所计算的带飞期间均为航班飞行期间，张某不仅正常领取劳动报酬，而且同时为航空公司创造了巨大的经济效益。此外，张某从未与航空公司签订任何形式的协议确认带飞期间为带飞培训，航空公司也从未否认飞行员张某作为副驾驶进行航班飞行期间获取的是劳动报酬。因此，不能将载客飞行期间视为培训期间，更不能以此计算带飞培训费。

单元三　机组与机长的法律规定

一、机组的组成

机组是指由航空器经营人委派在飞行期间的航空器内担任职务的人员组成。民用航空器机组由机长和其他空勤人员组成。通常，机组又分为飞行组和乘务组。飞行组由持有执照、担任的主要任务是操纵飞行期间的航空器的机组成员组成。乘务组由飞行组成员以外，在机舱工作的其他机组成员组成，担任操纵航空器以外的辅助职务。机组的组成和人员数额，应当符合国务院民用航空主管部门的规定。

二、机长的法律地位

机长在航空器飞行中具有最高的法律地位和至高无上的权力。在法律结构中，机长占有特殊的地位。民用航空器的操作由机长负责，机长应当严格履行职责，保护民用航空器及其所载人员和财产的安全。机长在其职权范围内发布的命令，民用航空器所载人员都应当执行。

在执行飞行任务期间，机长负责领导机组的一切活动，保证其航空器遵守关于航空器飞行和运转的现行规则与规章，并对航空器及其所载人员和财产的安全负责。由于机长的责任重大，必须赋予机长相应的权力：具有高度权威，使航空器内全体人员服从机长命令，听从机长指挥，维持航空器内的严明纪律和正常秩序，以保障机长履行职责，果断采取一切必要的合理措施，正确处置意外事故和突发事件，全面地完成所肩负的任务。

三、机长的资格要求

机长是执行飞行任务的机组的负责人，处在飞行中的整个航空器的安全完全处在机长的掌握之中，国际公约和各国航空法对机长的任职资格都做了严格的要求。

1. 国际公约对机长资格的要求

现行的有关国际公约中就机长资格要求做出了较为详细的规定：

（1）机长只能由驾驶员担任。

（2）年满60岁的驾驶员，不得担任定期和不定期国际航空运输飞行的航空器机长。

（3）90天内在某型飞机上至少做过3次起降，才能担任该型飞机的机长。

（4）担任航路和航站飞行机长的驾驶员必须对下列各项有足够的知识：

模块三　航空人员管理法律制度

1) 熟悉所飞航路和所用机场，包括地形和最低安全高度；季节性气象情况；气象、通信以及空中交通服务、设备和程序；搜寻和救援程序；沿航路有关导航设备。

2) 飞越人口稠密地区和飞行量密集地区上空的飞行航径程序、障碍物、机场布局、灯光、进近助航设备及进场、离场、等待和仪表进近程序，以及有关飞行的最低标准。

（5）在复杂情况下，机长应在有一名取得某一机场飞行资格的驾驶员为飞行组成员或者作为机舱观察员的陪同下，在航路上各该降落机场做过一次实际进近。

（6）应在将要执行任务的航线或航段上作为机组的飞行组成员做过一次实际飞行。

> **课堂小提示**
>
> 机长是在飞行时间内，负责航空器的飞行和安全的驾驶员。每次飞行，（航空器）经营人应指定一名驾驶员担任机长。

2. 我国航空法对机长资格的要求

《民用航空法》第四十三条第一款规定：机长应当由具有独立驾驶该型号民用航空器的技术和经验的驾驶员担任。第五十一条规定：飞行中，机长因故不能履行职务的，由仅次于机长职务的驾驶员代理机长；在下一个经停地起飞前，民用航空器所有人或者承租人应当指派新机长接任。

《大型飞机公共航空运输承运人运行合格审定规则》规定：按照本规则运行时，飞行机组至少配备两名驾驶员，并且应当指定一名驾驶员为机长。只有持有航线运输驾驶员执照和该飞机相应型别等级证书的驾驶员，方可以在按照本规则运行的飞机上担任机长。

《一般运行和飞行规则》规定，在代管航空器的私用载客运行中担任机长、副驾驶和客舱乘务员的人员应当满足以下技术和经验要求：

（1）在 VFR 飞行中担任机长的驾驶员，其总飞行经历时间应当不少于 500 小时；在 IFR 飞行中担任机长的驾驶员，其总飞行经历时间应当不少于 1 200 小时。

（2）代管航空器的机长和副驾驶应当至少持有商用驾驶员执照、相应的航空器等级和仪表等级。对于具备型别等级的航空器，航空器的机长应当持有型别等级。

（3）对于航空器代管人在运行中使用的乘务员，应当接受代管人提供的适当训练。如果局方在考虑航空器代管人的运行规模和范围之后，认为其机组成员能有效履行与其职位相应的职责，局方可以批准代管人偏离本条款的要求。

四、机长的权力与职责

国际航空法以及《民用航空法》《中华人民共和国飞行基本规则》（以下简称《飞

行基本规则》）、《民用航空安全保卫条例》等法律规章制度对机长的权力和职责都做出了相应的规定。

（一）机长的权力

1. 国际航空法有关机长权力的规定

根据《芝加哥公约》附件9第7.4.1条的规定："如果航空器显然将延误很长时间或不能继续飞行时，机长在等待有关政府当局指示，或者他或他的机组无法与该政府当局取得联系时，有权采取他认为对旅客和机组的健康与安全，以及为避免或最大限度减少对航空器本身及其载荷的损失或毁坏所必需的紧急措施。"附件2第2.4条规定："航空器机长在其负责期间，对航空器的处置有最后决定权。"

1963年《东京公约》规定，在航空器内如果发生违反刑法的犯罪，或者发生危害航空器或其所载人员或财产的安全，或者危害航空器内的正常秩序和纪律的行为，机长有下列权力：

（1）机长有正当理由认为某人在航空器内已经或即将实施上述犯罪或行为的，可以对此人采取必要的合理措施，包括看管措施。

（2）机长可以要求或授权其他机组成员进行协助，并可以请求授权（但不得强求）旅客给予协助，来看管他有权看管的任何人。

（3）机长如果有正当的理由认为，某人在航空器内已经或即将实施危害航空器或其所载人员或财产的安全，或者危害航空器内正常秩序和纪律的行为时，只要是为保护航空器或者所载人员或财产的安全，为维护航空器内的正常秩序和纪律的目的所必需的，可以使该人在航空器降落的任何国家的领土内下机。

（4）机长如果有正当的理由认为，某人在航空器内实施的行为，在他看来，按照航空器登记国刑法已构成严重犯罪时，可以将该人移交给航空器降落地的任何缔约国的主管当局。

2. 我国航空法有关机长权力的规定

《民用航空法》规定，机长具有下列权力：

（1）飞行前，机长发现民用航空器、机场、气象条件等不符合规定，不能保证飞行安全的，有权拒绝起飞；

（2）飞行中，对于任何破坏民用航空器、扰乱民用航空器内秩序、危害民用航空器所载人员或者财产安全以及其他危及飞行安全的行为，在保证安全的前提下，机长有权采取必要的适当措施；

拓展阅读：乘客状告机组案

（3）飞行中，遇到特殊情况时，为保证民用航空器及其所载人员的安全，机长有权对民用航空器做出处置；

（4）机长发现机组人员不适宜执行飞行任务的，为保证飞行安全，有权提出调整；

（5）民用航空器遇险时，机长有权采取一切必要措施，并指挥机组人员和航空器上其他人员采取抢救措施。

《中国民用航空飞行规则》规定，机长具有下列权力：

（1）飞行前，确认航空器、气象条件、机场等情况不符合规定的最低标准，或者缺乏信心，不能保证飞行安全时，拒绝飞行；

（2）遇有复杂气象条件和发生特殊情况时，为保证旅客和航空器的安全，对航空器处置做出最后决定；

拓展阅读："空闹"事件

（3）在执行飞行任务过程中，发现机组成员不适宜继续飞行、有碍飞行安全时，提出将其更换；

（4）在飞行中，对于任何破坏航空器内正常秩序和纪律、触犯刑律、威胁飞行安全或妨碍执行任务的人，采取一切必要的适当措施。

《公共航空旅客运输飞行中安全保卫规则》规定，机长在执行职务时，为保护航空器、所载人员和财产的安全，维护航空器内的良好秩序，可以行使下列权力：

（1）在航空器起飞前，发现有关方面对航空器未采取必需的安全保卫措施的，可以拒绝起飞；

（2）对航空器上的扰乱行为，可以要求航空安全员及其他机组人员对行为人采取必要的管束措施或者强制其离机；

（3）对航空器上的非法干扰行为等严重危害飞行安全的行为，可以要求航空安全员及其他机组人员启动相应处置程序，采取必要的制止、制服措施；

（4）对航空器上的扰乱行为或者非法干扰行为等严重危害飞行安全行为，必要时还可以请求旅客协助；

（5）在航空器上出现扰乱行为或者非法干扰行为等严重危害飞行安全行为时，根据需要改变原定飞行计划或对航空器做出适当处置。

知识链接

机长紧急情况下的处置权

发生任何特殊或紧急情况，机长都应根据所发生情况的性质、飞行条件和可供进行处置的时间来决定。

（1）发生紧急情况时，机长应采取必要的安全措施。

（2）在紧急情况下，机长可以命令旅客听从指挥，以确保安全。

（3）如有可能，在发生紧急情况时机长应及时通知乘务员。

（4）在航空器遇险时，机长有权采取一切必要措施，指挥机组人员和航空器上其他人员采取抢救措施或组织旅客安全撤离。机组人员未经机长允许不得撤离航空器。机长应当最后离开航空器。

> (5)遇到其他特殊情况,如航空器在执行飞行任务中发生航班不正常的情况或其他突发事件,机长有权根据现场情况做出适当处置。

(二)机长的职责

1. 国际航空法有关机长职责的规定

《芝加哥公约》附件6涉及机长的职责,规定机长的职责如下:

(1)机长应当对航空器的运作和安全以及飞行期间所有机上人员的安全负责。

(2)机长应保证按规定的飞行检查制度进行详细的检查。

(3)机长应负责将涉及航空器而使任何人员受伤或伤亡,或使航空器或财产遭受重大损坏的任何事故,以可利用的最迅速的方法通知最近的有关当局。

(4)机长应负责在飞行结束时将航空器上已知的或可疑的缺陷报告经营人。

微课:机长的职责

(5)机长应对"航行记录簿"或"总申报表"负责。

(6)在发生非法干扰行为后,机长应立即向指定的地方当局递交这一行为的报表。

(7)当机长看到另一架航空器或一艘水面船舶遇险时,除非他没有能力或根据当时情况考虑不合理或没有必要外,须采取下列行动:

1)保持该遇险船舶或航空器在其视界之内,直至不再需要在场为止;

2)如果不能确定其本身位置,采取行动以利于确定其位置;

3)将所见遇险情况报告援救协调中心或空中交通服务单位;

4)按照援救协调中心或空中交通服务单位的指示办事。

(8)机长在无线电报或无线电话上截获一则遇险信号和/或类似的信号时,必须:

1)记录该遇险航空器或船舶的位置;

2)如可能,测定所发信号的方位;

3)向有关援救协调中心或空中交通管制服务单位报告遇险通信并提供一切有用的情报;

4)在等待指示时,可自行斟酌飞向遇险通信所给的位置。

(9)如果因为飞行中危及航空器或人员安全的紧急情况而必须采取违反航空器所在地国的规章或程序的措施,机长应不迟延地报告有关当局,并应事故发生地国的请求向其当局提出关于这一违章情况的报告,以及在10天内向航空器登记国提交报告的副本。

(10)机长按实际可能尽快向有关政府当局报告航空器在国际机场以外地点降落情况。

(11)机长可持官方文件,运带其航空器登记国的外交信袋。

2. 我国航空法有关机长职责的规定

《民用航空法》规定，机长应有下列职责：

（1）民用航空器的操作由机长负责，机长应当严格履行职责，保护民用航空器及其所载人员和财产的安全。

（2）飞行前，机长应当对民用航空器实施必要的检查；未经检查，不得起飞。

（3）在必须撤离遇险民用航空器的紧急情况下，机长必须采取措施，首先组织旅客安全离开民用航空器；未经机长允许，机组人员不得擅自离开民用航空器；机长应当最后离开民用航空器。

（4）民用航空器发生事故，机长应当直接或者通过空中交通管制单位，如实将事故情况及时报告国务院民用航空主管部门。

（5）机长收到船舶或者其他航空器的遇险信号，或者发现遇险的船舶、航空器及其人员，应当将遇险情况及时报告就近的空中交通管制单位并给予可能的合理的援助。

《中国民用航空飞行规则》第9条就机长的职责做了如下规定：

（1）领导机组认真执行"保证安全第一，改善服务工作，争取飞行正常"的方针，正确处理安全与生产的关系，任何时候都必须把保证安全放在第一位。

（2）飞行前，根据任务的性质、特点和要求，熟悉与该次飞行有关的资料，领导机组从最困难、最复杂情况出发，充分做好飞行前准备工作。

（3）飞行中，切实依照航空器飞行手册和使用手册的有关规定，正确操纵航空器和使用各种设备，合理节约油料、器材，并对机组全体成员的工作实施督促检查。

（4）要求机组成员并且带头做到，热情周到地为旅客和使用部门服务，不断提高服务质量和作业质量。

（5）要求机组成员并且带头做到，严格按照飞行规章制度办事，遵守飞行纪律，服从空中交通管制。

（6）在飞行中，遇有复杂气象条件和发生特殊情况时，组织全体空勤人员密切协作配合，正确处置。

（7）在执行任务期间，必须认真负责、严格要求，对机组进行全面管理，妥善安排作息，搞好内外团结，圆满完成飞行任务。

（8）飞行后，主持机组讲评，并向上级汇报。

（9）努力钻研业务技术，熟悉飞行有关规定，不断提高组织领导能力和技术业务水平。

知识链接

无论在机场区域内飞行还是在航线飞行期间，机长必须服从空中交通管制员的指挥，机长对飞行计划做出任何变动之前必须报空中交通管制员批准。在飞行实施阶段，空中和地面必须协同配合。

五、机组的法律责任

《民用航空法》规定对违反规定的机组成员应承担以下法律责任：

（1）未取得航空人员执照、体格检查合格证书而从事相应的民用航空活动的，由国务院民用航空主管部门责令停止民用航空活动，在国务院民用航空主管部门规定的限期内不得申领有关执照和证书，对其所在单位处以二十万元以下的罚款。

（2）有下列违法情形之一的，由国务院民用航空主管部门对民用航空器的机长给予警告或者吊扣执照一个月至六个月的处罚，情节较重的，可以给予吊销执照的处罚：

1）机长违反规定，未对民用航空器实施检查而起飞的；

2）民用航空器违反规定，未按照空中交通管制单位指定的航路和飞行高度飞行，或者违反规定飞越城市上空的。

（3）民用航空器未经空中交通管制单位许可进行飞行活动的，由国务院民用航空主管部门责令停止飞行，对该民用航空器所有人或者承租人处以一万元以上十万元以下的罚款；对该民用航空器的机长给予警告或者吊扣执照一个月至六个月的处罚，情节较重的，可以给予吊销执照的处罚。

（4）民用航空器的机长或者机组其他人员有下列行为之一的，由国务院民用航空主管部门给予警告或者吊扣执照一个月至六个月的处罚；有第2）项或者第3）项所列行为的，可以给予吊销执照的处罚：

1）在执行飞行任务时，不按照规定携带执照和体格检查合格证书的；

2）民用航空器遇险时，违反规定离开民用航空器的；

3）违反规定执行飞行任务的。

案例：伊春空难

模块小结

本模块讲述的是航空人员管理法律制度知识。航空人员是指从事民用航空活动的空勤人员和地面人员。航空人员的法律责任主要包括行政责任、民事责任与刑事责任。航空人员应当接受专门训练，经考核合格，取得国务院民用航空主管部门颁发的执照，方可担任其执照载明的工作。民用航空器机组人员的飞行时间、执勤时间不得超过国务院民用航空主管部门规定的时限。民用航空器机组由机长和其他空勤人员组成。在执行飞行任务期间，机长负责领导机组的一切活动。

课后练习

【单选题】

1. 《民用航空法》中"飞行人员"是指（　　）。

    A. 在飞行中直接操纵航空器和航空器上航行、通信等设备的人员

    B. 机组人员

    C. 机长和副驾驶

    D. 机长和乘务员

2. 在必须撤离遇险民用航空器的紧急情况下，最后离开民用航空器的应当是（　　）。

    A. 乘务员　　　　B. 机长　　　　C. 旅客　　　　D. 安保员

3. 机长收到船舶或者其他航空器的遇险信号，或者发现遇险的船舶、航空器及其人员，应当将遇险情况（　　）。

    A. 及时报告就近的空中交通管制单位并给予可能的合理的援助

    B. 及时报告本公司签派室并给予可能的合理的援助

    C. 继续飞行，降落后尽快报告民航局

    D. 不需报告，直接进行援助

【多选题】

1. 空勤人员在执行飞行任务时，应当随身携带（　　）。

    A. 飞行记录本　　　B. 飞机适航证书　　　C. 执照　　　D. 体检合格证

2. 下列关于"机长的权利与义务"说法正确的是（　　）。

    A. 有关保障条件低于最低安全标准，或者缺乏信心时，有权拒绝飞行

    B. 发现机组成员不适宜继续飞行，有碍飞行安全时，提出将其更换

    C. 发生特殊情况时，为保证航空器和旅客安全，对航空器处置做出最后决定

    D. 航空器迫降或遇险后首先离开航空器

【思考题】

1. 什么是航空人员？

2. 航空人员的管理制度主要有哪些规定？

3. 机长有哪些职责和权力？

案例分析

扫描二维码阅读案例，回答以下问题：
1. 伊春空难事故发生的原因是什么？
2. 机长应承担什么责任？

模块四
民用机场管理法律制度

知识目标
1. 了解我国民用机场的定义、构成和分类；
2. 了解民用机场使用许可的一般规定；
3. 理解民用机场的安全运营管理制度；
4. 把握民航机场安检工作的相关规定。

技能目标
1. 对民用机场有初步认识；
2. 能够熟练运用所学法律知识，解决安检过程中遇到的问题。

素质目标
1. 树立保卫国家和人民安全的使命感；
2. 培养责任心、服务意识和敬业精神。

案例导入

2009年7月4日，某安监局先后接到航空公司、民航空管分局的报告，反映自6月28日至7月1日航空器在某机场起降过程中遭受鸟击。发生8起鸟击航空器事件，已造成十几个航班延误、跑道外等待或空中等待。针对上述报告，安监局分别向该航空公司、民航空管分局以及涉案机场的场务部门进行调查，证实该机场确实发生了鸟击航空器事件，报告属实，但机场未向安监局报告任何鸟击航空器信息。

案例思考：机场未报告鸟击航空器信息的行为是否违法？

模块四　民用机场管理法律制度

单元一　机场概述

一、机场的定义和构成

1. 机场的定义

机场，也称飞机场、航空港。机场有不同的大小，除跑道外，机场通常还设有塔台、停机坪、航空客运站、维修厂等设施，并提供机场管制服务、空中交通管制等其他服务。机场可分为军用机场和民用机场，此外，还有供飞行培训、飞机研制试飞、航空俱乐部等使用的机场。

国际民航组织将机场定义为：供航空器起飞、降落和地面活动而划定的一块地域或水域，包括域内的各种建筑物和设备装置。

《民用航空法》将"民用机场"定义为：民用机场，是指专供民用航空器起飞、降落、滑行、停放以及进行其他活动使用的划定区域，包括附属的建筑物、装置和设施。民用机场不包括临时机场。

2. 机场的构成

机场作为商用运输的基地可划分为飞行区、地面运输区和候机楼区三个部分。

（1）飞行区是飞机活动的区域。飞行区分为空中部分和地面部分。空中部分是指机场的空域，包括进场和离场的航路；地面部分包括跑道、滑行道、停机坪和登机门，以及一些为维修和空中交通管制服务的设施与场地，如机库、塔台、救援中心等。

（2）地面运输区是车辆和旅客活动的区域。机场是城市的交通中心之一，而且有严格的时间要求，因而从城市进出空港的通道是城市规划的一个重要部分。大型城市为了保证机场交通的通畅都修建了从市区到机场的专用高速公路，甚至还开通地铁和轻轨交通，方便旅客出行。在考虑航空货运时，要把机场到火车站和港口的路线同时考虑在内。此外，机场还须建有大面积的停车场以及相应的内部通道。

（3）候机楼区是旅客登记的区域，也是飞行区和地面运输区的接合部位。候机楼区包括候机楼建筑本身以及候机楼外的登机机坪和旅客出入车道。它既是地面交通和空中交通的结合部，也是机场对旅客服务的中心地区。

二、民用机场的分类

1. 按机场的使用范围划分

按机场的使用范围划分，民用机场主要分为运输机场和通用航空机场。

（1）运输机场是指供运输旅客或者货物的民用航空器使用的民用机场。民用运输机场作为航空运输和城市的重要基础设施，是综合交通运输体系的重要组成部分。

（2）通用航空机场是指为工业、林业、农业、牧业、渔业生产和国家建设服务的作业飞行，以及从事医疗卫生、抢险救灾、海洋及环境监测、科学实验、教育训练、文化体育及游览等项工作活动之用的机场。

> **课堂小提示**
>
> 民用运输机场连同通用航空机场都属于民用机场的范畴，区别是通用航空机场不提供公共运输服务，其管理机构的层级也较运输机场低。在不致引起歧义的情况下，一般也可称为运输机场或民用机场。民用运输机场不包括临时机场和专用机场。

2. 按在民航运输系统中所起的作用划分

按在民航运输系统中所起的作用划分，民用机场可分为国际机场、国内航线机场和地区航线机场三类。

（1）国际机场。国际机场是按照机场是否承担国际航班的作用来划分的。国际机场一般有多条定期国际航线，并可接受外籍飞机的起落。国际机场是国家一类口岸，需要设立海关、边防检查、检验检疫等机构，按照国家的有关规定对出入境的旅客和货物提供检查服务。

（2）国内航线机场。国内航线机场是指我国国际机场以外的一切其他机场，包括香港特别行政区、澳门特别行政区及中国台湾地区航线机场、国内航空干线机场、国内航空支线机场及国内通用航空机场。

（3）地区航线机场。地区航线机场大多分布在各省、自治区地面交通欠发达地区，规模较小，等级也较低。

三、民用机场的管理法规

民用机场作为保障航空安全的重要基础设施，如何布局、建设、管理和经营，以及它与周围环境的关系,都需要在法律上加以规范,并以此作为机场进行相关活动的依据和保障。民用机场设在一国领域内,所产生的社会关系主要由该国的国内法来调整,但应尽可能地采用国际规范和通行做法。

1. 国际规范

《芝加哥公约》第15章"机场及其他航行设施"专门就航路和机场的指定、航行设施的改进、提供航行设施费用、理事会对设施的提供和维护、土地的取得或使用、开支和经费的分摊、技术援助和收入的利用等作出了原则性规定。这些规定是民用机场应当遵循的最基本的国际法律规范,各缔约国都应自觉遵守。

《芝加哥公约》附件14《机场》(分为两卷,第Ⅰ卷《机场设计和运行》和第Ⅱ卷《直升机场》)专门对民用运输机场的规划设计、管理和运行安全保障提出了一系列国际标准和建议措施。该附件是各缔约国制定本国民用机场各种规章制度、运行手册的基础,是国际民航组织各成员国在进行机场建设时所应遵循的基本准则。

2. 我国相关法规

我国现行调整机场的法律规范主要是《民用航空法》。该法第六章"民用机场"共17条,包括民用机场的概念、民用机场的布局和建设规划的审批程序、新建和扩建民用机场的公告程序、民用机场的安全保卫及净空保护、障碍物的清除、民用机场使用许可证的申请条件及审批程序、国际机场开放使用的特殊条件及审批程序、民用机场保证安全及搞好服务工作的原则要求、民用机场的环境保护、使用民用机场及其助航设施的使用和服务费以及民用机场的废弃或改作他用的报批程序等内容。国家其他法律中涉及机场的内容也须遵照执行。国家还发布了一批有关机场管理的行政法规及大量的民用航空规章。

> **知识链接**
>
> **《民用机场管理条例》简介**
>
> 为了规范民用机场的建设与管理,积极、稳步推进民用机场发展,保障民用机场安全和有序运营,维护有关当事人的合法权益,依据《民用航空法》制定颁布了《民用机场管理条例》。该条例经2009年4月1日国务院第55次常务会议通过,自2009年7月1日起施行,并于2019年3月2日进行了修订。
>
> 《民用机场管理条例》共6章87条。该条例对于机场的建设与使用、机场的安全和运营管理、机场安全环境保护作出了明确的法规界定。

单元二　民用机场的使用与管理

民用机场实行机场许可制度，它是一项加强对民用机场的管理，保障民用机场安全及正常运行的法律制度。根据《民用航空法》第六十二条第一款的规定：民用机场应当持有机场使用许可证，方可开放使用。民用机场只有取得了民用机场使用许可证或军民合用机场民用部分使用批准书后，才可以开放使用。若未取得有效民用机场使用许可证，不得开放使用。民用机场使用许可证由民航总局统一印制，许可证编号由民航总局统一编排，有效期为5年。

一、民航局对民用机场的使用与管理职责

我国民用机场使用许可及其相关活动的统一管理和持续监督检查由民航局负责。在机场的使用与管理方面，民航局的主要职责如下：

（1）制定有关规章、标准，并依法监督、检查机场运行情况。

（2）审批并颁发飞行区指标为4E（含）以上运输机场的民用机场使用许可证。

（3）负责运输机场名称的批准。

（4）设立国际机场的审核。

（5）法律、行政法规规定的其他有关职责。

中国民用航空地区管理局负责对所辖区域内的民用机场使用许可实施监督管理，其主要职责如下：

（1）根据民航局授权审批颁发本辖区内飞行区指标为4D（含）以下运输机场和通用机场的民用机场使用许可证。

（2）负责本辖区内通用机场名称的批准。

（3）监督检查本辖区内民用机场的运行情况。

（4）民航总局授权的其他职责。

二、民用机场使用许可的一般规定

民用机场使用许可证申请由机场的管理机构提出，取得民用机场使用许可证并已开放使用的机场，机场管理机构不得擅自关闭机场，机场运营时间应当在航行资料中予以公布。备降机场应当随时保持接受备降航班飞机的能力，作为备降机场的机场，该机场应当在航行资料上公布其为哪些机场、哪种机型提供备降服务的相关资料；被

航空承运人选定为备降机场的机场管理机构应当与该航空承运人签订接受备降航班飞机的各项保障协议，明确双方的权利与义务，保证备降航班飞机的正常备降。

有下列情况之一的，机场管理机构应当于机场预期关闭前至少 45 天报原审批机关审批，审批机关应当在 7 个工作日内予以答复：

（1）机场因改扩建暂不接受航空器起降。

（2）航空业务量不足，暂停机场运营的。

（3）决定关闭机场不再运营的。

机场恢复开放使用时，机场管理机构应当报原审批机关批准。对于上述第（3）项情况，应当在预期的机场关闭日期注销该机场使用许可证。机场使用许可证持有人应当根据民航局或民航地区管理局的批复，及时通知有关的航行情报服务部门，发布航行通告，并在批准的关闭日期，撤掉识别机场的标志、风向标等，涂刷跑道、滑行道关闭标志。并在关闭后的 5 天内，将机场使用许可证交回原颁证机关。

机场关闭 1 年以上的应当注销机场使用许可证。民航局或者民航地区管理局在批准机场关闭时，应当充分考虑航空公司的航班安排和公众利益，尽可能减少机场关闭带来的影响。

机场因故不能保障航空器运行安全的，机场管理机构可以临时关闭机场，但应当及时通知有关空中交通管制部门，由空中交通管制部门按相关规定发布航行通告，尽可能减少对航空器正常运行的影响，并应当立即采取积极措施消除机场临时关闭因素，在最短时间内恢复机场运行。

机场设施设备未能得到有效维护，机场人员未能进行必要的培训，机场运行环境遭到破坏，航空器安全运行存在隐患的，民航局或者民航地区管理局可以暂停机场开放使用。

三、民用机场使用许可证的申请条件

民用机场使用许可证申请者应具备基本条件，并报送相关文件资料。

1. 基本条件

申请民用机场使用许可证的机场，应当具备下列基本条件：

（1）机场管理机构具有中华人民共和国法人资格。

（2）机场高级管理人员具备相应的资格和条件。

（3）机场的资本构成比例符合国家有关规定。

（4）机场内设立的组织机构和管理体系完备。

（5）具备与其运营业务相适应的飞行区、航站区、工作区以及服务设施和人员。

（6）必要的空中交通服务、航行情报服务、通信导航监视、航空气象等设施和人员，符合民航局空中交通管理部门的规定，并制定相关的运行管理程序。

（7）飞行程序和运行最低标准已经批准。

（8）安全保卫设施和人员符合《中华人民共和国民用航空安全保卫条例》（以下简称《民用航空安全保卫条例》）规定。

（9）具备处理特殊情况的应急预案以及相应的设施和人员。

（10）满足机场运行要求的安全管理系统。

（11）具备民航总局认为必要的其他基本条件。

上述第（1）、（4）、（8）、（10）项不适用通用机场。

2. 文件资料

申请民用机场使用许可证，机场管理机构应当报送下列文件资料：

（1）民用机场使用许可证申请书。

（2）机场管理机构（法人）及其法定代表人的名称或姓名，高级管理人员的主要学历及工作经历等证明文件。

（3）证明资本构成的有效文件的影印件。

（4）机场建设的批准文件和竣工验收文件。

（5）飞行程序和运行最低标准的批准文件。

（6）通信导航监视、气象等设施设备开放使用的批准文件。

案例：戴高乐机场坍塌事故

（7）按照本规定的要求编写的民用机场使用手册（以下简称手册）。

（8）持有岗位资格证书的人员简况一览表，含姓名、性别、出生日期、学历、资格证书名称、资格证书颁发机关和日期。

（9）民航局要求报送的其他必要材料。

机场管理机构应当对申请机场使用许可证文件资料的真实性负责，提交以上书面申请材料一式四份及其电子版本。

飞行区指标为4E（含）以上的运输机场，民用机场使用许可证由机场管理机构向民航总局申请，飞行区指标为4D（含）以下的运输机场和通用机场，民用机场使用许可证由机场管理机构向民航地区管理局申请。

民航局或者民航地区管理局应当在受理后于20个工作日内作出准予颁发或者不予颁发的决定，并书面通知申请人。

四、民用机场使用许可证的审查与颁发

民航局或者民航地区管理局收到机场管理机构报送的申请民用机场使用许可证的文件资料，应当按照以下要求进行审查：

（1）对文件资料的完整性和民用机场使用手册的格式进行审核。

（2）对手册内容进行审查。

（3）必要时现场核实机场管理机构所报文件材料、设施设备、人员的情况。

负责审查前款规定的人员由民航总局或者民航地区管理局指派人员或者监察员担任，但只有监察员有权在相应的文件上签字。

民航局或者民航地区管理局认为机场管理机构报送的文件资料、机场的设施设备、人员不完全具备本规定条件时，应当书面通知机场管理机构。

在机场管理机构为弥补前款提及的缺陷采取措施后，仍不能满足有关要求时，民航总局或者民航地区管理局可以拒绝颁发民用机场使用许可证。拒绝颁发民用机场使用许可证应当以书面形式通知机场管理机构，并说明理由。

民航局或者民航地区管理局经过审查，认为机场管理机构的申请符合规定的条件时，民航总局或者民航地区管理局应当批准该申请，并把民用机场使用许可证、批准文件、监察员签字的手册一并交与机场管理机构。

颁发民用机场使用许可证时，手册的每一页（不含机场资料册和附图）应当由负责审核的监察员签字，手册方能生效。

民航地区管理局在颁发民用机场使用许可证时应当向民航总局申请许可证编号。

取得民用机场使用许可证的机场管理机构，应当按照民航总局的有关规定将该机场的资料提供给航行情报服务部门予以公布。

五、民用机场使用许可证的变更及换发

有下列情况之一的，机场管理机构应当按照本规定申请变更民用机场使用许可证：

（1）机场飞行区指标发生变化的。

（2）机场拟使用机型超出原批准范围的。

（3）机场道面等级号发生变化的。

（4）机场目视助航条件发生变化的。

（5）机场消防救援等级发生变化的。

（6）机场使用性质发生变化的。

(7) 机场资本构成比例发生变化的。

(8) 机场名称发生变化的。

(9) 跑道运行类别、模式发生变化的。

(10) 机场所有者或者机场管理机构法定代表人发生变化的。

(11) 机场管理机构发生变化的。

申请变更民用机场使用许可证，机场管理机构可仅报申请民用机场使用许可证资料的变化部分。

民用机场使用许可证变更后，机场管理机构应当在 7 天内将原民用机场使用许可证交回原颁证机关。

民用机场使用许可证有效期到期前 45 天，机场管理机构应当申请换发民用机场使用许可证，并按照相关规定第二十条的要求报送文件资料。

六、民用机场的名称管理

民用机场的命名应当以确定机场具体位置并区别于其他机场为准则，运输机场名称应当由机场所在城市（或地、州）名称后缀机场所在地具体地点名称组成。

1. 运输机场的名称规定

运输机场的名称应当符合以下规定：

（1）应当与国务院或各级地名主管部门审查批准的机场所在地行政区划的地名名称相一致。

（2）与现有其他机场不重名，避免使用同音字。

（3）使用规范的汉字或者少数民族文字。

（4）按照国家汉语拼音使用相关规定，规范拼写机场名称。

（5）按照国家译名管理相关规定，规范拼写机场英文译名。

2. 运输机场的更名条件

运输机场的更名应当符合下列条件：

（1）机场所在地城市（或地、州）名称或具体地点行政区划名称经国务院或各级地名主管部门批准更名的，该机场应当更名。

（2）当地群众因风俗或读音而强烈要求修改机场名称中后缀具体地点名称的，该机场可以更名。

（3）由民航总局报经国务院批准设立国际机场的，需在机场名称内增加"国际"二字。

运输机场的命名或更名,应由机场管理机构提出申请,经机场所在城市、州级人民政府审核同意后,报民航总局审批;军队产权的军民合用机场民用部分的更名,机场管理机构应当事先征求相关军队机关的书面意见。

3. 运输机场命名或更名的报送文件

运输机场命名或更名应向民航局报送下列文件:

(1)机场管理机构关于机场命名或更名的申请文件。

(2)机场所在地市、州级人民政府的审核意见。

(3)军队产权的军民合用机场民用部分,应附相关军队机关的书面意见。

(4)机场名称内需增加"国际"二字的,应附国务院批准其设立国际机场的文件。

民航局收到符合规定要求的机场命名或者更名的决定后,在20个工作日内审查并作出决定。运输机场管理机构接到民航总局批准命名或更名的决定后,方可正式启用经批准的机场名称,并对外公布信息、制作标志标牌等。机场管理机构应当在机场入口和航站楼显著位置设置机场名称标志。航站楼屋面上可仅设置城市名。机场名称标志的主要内容包括标准机场名称汉字的规范书写形式、标准机场名称汉语拼音字母的规范拼写形式。在民族自治区域,可依据民族区域自治法相关文字书写规定,并列该民族文字规范书写形式。国际机场还应当规范标示英文机场名称。

七、国际机场的设立

现有运输机场申请设立国际机场,由机场所有者或者机场管理机构征得机场所在地省(区、市)级人民政府同意后,向民航局提出申请。申请人向民航局申请设立国际机场时,应当提交下列申请文件:

(1)设立国际机场的必要性和可行性,机场所在区域经济、社会的发展需求。

(2)机场安全运行和经营状况。

(3)机场设置出入境检查检验机构及其设施的可行性。

民航局收到申请文件并征求国务院有关部门意见后,提出审核意见报请国务院审批。国务院批准运输机场设立为国际机场后,由机场所在地省(区、市)级人民政府按照国家有关规定组织落实出入境检查检验机构,建设机场各相关专业检查检验设施。新建运输机场申请设立国际机场,在机场立项报告中一并申请。

国务院批准后,在机场建设期内按国际机场的标准和出入境检查检验机构的规定要求,完成配套设施的建设,并经各相关主管部门验收合格。国际机场开放使用应当具有与开展国际航空运输业务相适应的设施、设备和人员,并经民航局或民航地区管理局的行业验收合格。经批准设立并经验收合格的国际机场方可对外籍航空器开放使用,开通国际航线、航班运行。

国际机场的开放使用由民航总局公布,国际机场资料由民航局空中交通管理部门统一对外公布。

知识链接

机场建设费与民航发展基金

机场建设费从 1992 年开始征收,迄今已经 30 年,其最早是在温州永强机场开始收取的,原因是温州机场并非国家投资。然而,国内机场为了各自收益,都效仿开征机场建设费,而对这一收费项目的质疑由来已久。

2012 年 4 月,财政部印发《民航发展基金征收使用管理暂行办法》的通知。通知表示,今后我国将原民航机场管理建设费和原民航基础设施基金合并后成为民航发展基金,缴纳标准:乘坐国内航班的旅客每人次 50 元,乘坐国际和地区航班出境的旅客每人次 90 元。备受争议的机场建设费被废止。

八、国际机场联检制度

《中华人民共和国海关法》《中华人民共和国出入境边防检查条例》等法律、法规规定了对通过国际机场入出境人员、货物、运输工具、行李物品、邮递物品和其他物品进行"一关四检":关是海关,四检是边防检查、动植物检疫、卫生检疫、进出口商品查检。

1. 海关检查

海关是根据国家法律对进出关、境的运输工具、货物及物品进行监督管理和征收关税的国家行政机关。

海关检查是对出入境的货物、邮递物品、行李物品、货币、金银、证券及运输工具等进行监督检查和征收关税的一项国家行政管理活动,是为了维护国家主权和利益。保护本国经济发展查禁走私和违章案件,防止沾染病毒菌的物品入境而采取的检查措施。

2. 边防检查

边防检查站是国家设在口岸以及特许的进出境口岸的出入境检查管理机关,是代表国家行使出入境管理职权的职能部门，是国家的门户。

根据我国相关的法律、法规，我国公安部主管出境入境边防检查工作，在我国国际机场设立边防检查站，负责对出入境人员及其行李、物品、航空器与载运的货物实施边防检查，并按国家有关规定对出入境的航空器进行监护。出入境人员和航空器必须经国际机场或主管机关特许的地点通行，接受边防检查、监护和管理。

3. 动植物检疫

为防止动物传染病、寄生虫病和植物危险性病、虫、杂草以及其他有害生物（以下简称病虫害）传入、传出国境，保护农、林、牧、渔业生产和人体健康，促进对外经济贸易的发展，我国制定了《中华人民共和国进出境动植物检疫法》及其《实施条例》。

进出境的动植物、动植物产品和其他检疫物，装载动植物、动植物产品和其他检疫物的装载容器、包装物，以及来自动植物疫区的运输工具，依照规定实施检疫。

国务院设立动植物检疫机关，统一管理全国进出境动植物检疫工作。国家动植物检疫机关在对外开放的口岸和进出境动植物检疫业务集中的地点设立的口岸动植物检疫机关，依照规定实施进出境动植物检疫。

4. 卫生检疫

我国在国际机场设立国境卫生检疫机关，依照我国卫生检疫法实施传染病检疫、监测和卫生监督。对患有监测传染病的人、来自国外监测传染病流行区的人或者与监测传染病人密切接触的人，国境卫生检疫机关应区别情况，发给就诊方便卡，实施留验或采取其他预防、控制措施（如阻止患有某种监测传染病的外国人入境，加强对出境人员的健康检查，要求其提供规定的证明等），并及时通知当地卫生行政部门。

5. 进出口商品查检

进出口商品检验是指由国家设立的检验机构或向政府注册的独立机构，对进出口货物的质量、规格、卫生、安全、数量等进行检验、鉴定，并出具证书的工作。目的是经过第三者证明，保障对外贸易各方的合法权益。国家规定，重要进出口商品，非经检验发给证件的，不准输入或输出。

国际机场进出口商品查检的内容包括：出口商品品质检验、出口商品包装检验、进口商品品质检验、进口商品残损检验、出口动物产品检疫、进出口食品卫生检疫、进出口商品重量鉴定、运输工具检验，以及其他国家或商品用户要求实施的检验、检疫。

单元三　民用机场的安全检查

一、民用机场安全检查概述

世界各国民航都发生过犯罪分子使用爆炸物、武器等劫持或破坏飞机的现象。如何防止飞机被劫持、被破坏已成为各国政府保证民航安全飞行的重要工作。为维护民用航空秩序,预防对民用航空活动的非法干扰,各国皆采取了一项措施——安全检查(简称安检)来保证旅客人身安全和民用航空器的飞行安全。

阅读材料：机场遭袭

机场安检是机场安全技术检查的简称,是指乘坐民航飞机的旅客在登机前必须接受的一项人身和行李检查项目,这是为了保证旅客自身安全和民用航空器在空中飞行安全所采取的一项必要措施。安检服务十分重要,它是民航企业提供高品质旅客服务的重要基础。

安全检查由机场安全检查部门组织实施,其主要任务：对乘坐民航飞机的旅客及其携带的行李物品；对进入隔离区的人员及其携带的物品；对货主委托民航空运的货物,除经特别准许外,一律进行安全检查,防止武器、凶器刀具、易爆易燃、剧毒、放射性物品以及其他危害民航安全的危险品带上或载上飞机,保障旅客生命财产安全的安全检查还包括机场隔离区的安全和国际、国内进出港及过港飞机在机场停留期间的监护。安检服务的根本目的：防止机场和飞机遭到袭击；防止因运输危险品引起的事故；保证旅客的人身、财产安全。

案例

昆明机场坠机案

2004年11月10日晚,14岁的湖南怀化少年梁攀龙与另一名同龄少年束清从昆明机场破损的围栏钻入昆明机场停机坪北区,然后在机场内草坪露宿。他们于第二日清晨爬入停在昆明机场的四川航空股份有限公司B320-8670号飞机的起落舱内。

此架飞机于当日8时10分飞往重庆,起飞过程中,束清从飞机上坠地身亡。梁攀龙则抓住起落架舱内的管件随飞机降落重庆机场，在昏迷中被重庆机场的工作人员发现后送返昆明，并由云南机场送入中国人民解放军四七八医院住院治疗。

经昆明市法医鉴定其伤情：系被物理因素作用所致：双耳航空性中耳炎，双眼角膜炎，左外耳道皮肤充血红肿（轻度）有触通，鼓膜边缘轻度充血，达轻微伤。

2005年1月13日，经中国听力医学发展基金会组织专家会诊，诊断结果：梁攀龙右耳耳膜内陷，左耳耳膜穿孔，导致航空性中耳炎和听力受损。

梁攀龙父母认为，云南机场集团公司及四川航空股份有限公司应当负主要责任，并向法院提起诉讼，请求判令两家单位赔偿治疗费等1.3万余元。此前，死亡少年束清获得了机场方面支付的7万元赔偿金。

二、民航机场安检工作的相关规定

与民航机场安检工作相关的国内法律、法规和制度主要有《民用航空法》《民用航空安全保卫条例》《中国民用航空安全检查规则》和《中国民用航空危险品运输管理规定》。

1. 《民用航空法》的相关规定

《民用航空法》于1995年10月30日第八届全国人民代表大会常务委员会第六次会议通过，1996年3月1日生效，并于2015年4月24日修正，共有十六章节，二百一十三条款。

《民用航空法》的立法目的是维护国家的领空主权和民用航空权力，保障民用航空活动安全和有秩序地进行，保护民用航空活动当事人各方的合法权益，促进民用航空事业的发展。

《民用航空法》关于安全技术检查的规定如下：

（1）关于公共航空运输企业的规定。

①公共航空运输企业不得运输法律、行政法规规定的禁运物品。公共航空运输企业未经国务院民用航空主管部门批准，不得运输作战军火、作战物资。禁止旅客随身携带法律、行政法规规定的禁运物品乘坐民用航空器。

②公共航空运输企业运输危险品，应当遵守国家有关规定。禁止以非危险品品名托运危险品。禁止旅客随身携带危险品乘坐民用航空器。除因执行公务并按照国家规

微课：机场安全管理

定经过批准外，禁止旅客携带枪支、管制刀具乘坐民用航空器。禁止违反国务院民用航空主管部门的规定将危险品作为行李托运。危险品品名由国务院民用航空主管部门规定并公布。

③公共航空运输企业不得运输拒绝接受安全检查的旅客，不得违反国家规定运输未经安全检查的行李。公共航空运输企业必须按照国务院民用航空主管部门的规定，对承运的货物进行安全检查或者采取其他保证安全的措施。

④公共航空运输企业从事国际航空运输的民用航空器及其所载人员、行李、货物应当接受边防、海关、检疫等主管部门的检查；但是，检查时应当避免不必要的延误。

（2）关于对隐匿携带枪支、弹药、管制刀具乘坐航空器的处罚规定。

①违反本法规定，隐匿携带炸药、雷管或者其他危险品乘坐民用航空器，或者以非危险品品名托运危险品，尚未造成严重后果的，比照刑法相关规定追究刑事责任；造成严重后果的，依照刑法相关规定追究刑事责任。

②企业事业单位犯前款罪的，判处罚金，并对直接负责的主管人员和其他直接责任人员依照前款规定追究刑事责任。

③隐匿携带枪支子弹、管制刀具乘坐民用航空器的，比照刑法第一百六十三条的规定追究刑事责任。

2.《民用航空安全保卫条例》的相关规定

《民用航空安全保卫条例》于 1996 年 7 月 6 日由国务院发布，于 2011 年 1 月 8 日修正，共有六章，四十条款。本条例的立法目的是防止对民用航空活动的非法干扰，维护民用航空秩序，保障民用航空安全。

（1）《民用航空安全保卫条例》关于机场控制区的划分。机场控制区应当根据安全保卫的需要，划定为候机隔离区、行李分检装卸区、航空器活动区和维修区、货物存放区等，并分别设置安全防护设施和明显标志。

（2）关于在航空器活动区和维修区内人员、车辆的规定。在航空器活动区和维修区内的人员、车辆必须按照规定路线行进，车辆、设备必须在指定位置停放，一切人员、车辆必须避让航空器。

（3）关于机场安全检查的相关规定。

①乘坐民用航空器的旅客和其他人员及其携带的行李物品，必须接受安全检查；但是，国务院规定免检的除外。拒绝接受安全检查的，不准登机，损失自行承担。

②安全检查人员应当查验旅客客票、身份证件和登机牌，使用

阅读材料：假冒伪造身份证

模块四 民用机场管理法律制度

仪器或者手工对旅客及其行李物品进行安全检查，必要时可以从严检查。已经安全检查的旅客应当在候机隔离区等待登机。

③进入候机隔离区的工作人员（包括机组人员）及其携带的物品，应当接受安全检查。接送旅客的人员和其他人员不得进入候机隔离区。

④外交邮袋免予安全检查。外交信使及其随身携带的其他物品应当接受安全检查；但是，中华人民共和国缔结或者参加的国际条约另有规定的除外。

⑤空运的货物必须经过安全检查或者对其采取其他安全措施。货物托运人不得伪报品名托运或者在货物中夹带危险物品。

⑥航空邮件必须经过安全检查。发现可疑邮件时，安全检查部门应当会同邮政部门开包查验处理。

⑦国务院另有规定的除外，乘坐民用航空器的，禁止随身携带或者交运下列物品：

a. 枪支、弹药、军械、警械。

b. 管制刀具。

c. 易燃、易爆、有毒、腐蚀性、放射性物品。

d. 国家规定的其他禁运物品。

⑧除上述物品外，其他可以用于危害航空安全的物品，旅客不得随身携带，但是可以作为行李交运或者按照国务院民用航空主管部门的有关规定由机组人员带到目的地后交还。

对含有易燃物质的生活用品实行限量携带。限量携带的物品及其数量，由国务院民用航空主管部门规定。

⑨机场内禁止下列行为，违反此项规定的，由民航公安机关依照相关规定予以处罚。

a. 攀（钻）越、毁损机场防护围栏及其他安全防护设施。

b. 在机场控制区内狩猎、放牧、晾晒谷物、教练驾驶车辆。

c. 无机场控制区通行证进入机场控制区。

d. 随意穿越航空器跑道、滑行道。

e. 强行登、占航空器。

f. 谎报险情，制造混乱。

g. 扰乱机场秩序的其他行为。

拓展阅读：大闹机场案

3.《中国民用航空安全检查规则》的相关规定

《中国民用航空安全检查规则》为中国民用航空规章第339SB部，即 CCAR-

089

339SB,是民用航空安全工作的规范性文件,于1999年5月14日发布,1999年6月1日生效。

《中国民用航空安全检查规则》关于安全检查工作总则的主要规定有:

(1)民用航空安全检查部门(以下简称安检部门)。依照有关法律、法规和本规则,通过实施安全检查工作(以下简称安检工作),防止危及航空安全的危险品、违禁品进入民用航空器,保障民用航空器及其所载人员、财产的安全。

(2)安检工作包括对乘坐民用航空器的旅客及其行李,进入候机隔离区的其他人员及其物品,以及空运货物、邮件的安全检查;对候机隔离区内的人员、物品进行安全监控;对执行飞行任务的民用航空器实施监护。

(3)民航公安机关对安检部门的业务工作进行统一管理和检查、监督。从事民用航空活动的单位和人员应当配合安检部门开展工作,共同维护民用航空安全。

(4)安检部门发现有本规则规定的危及民用航空安全行为的,应当予以制止并交由民航公安机关审查处理。

(5)乘坐民用航空器的旅客及其行李,以及进入候机隔离区或民用航空器的其他人员和物品,必须接受安全检查;但是,国务院规定免检的除外。

(6)安检工作可以收取费用。安检工作费用的收取办法由民航总局另行制定。

(7)安检工作应当坚持安全第一、严格检查、文明执勤、热情服务的原则。

危险品运输安全是航空安全的重要组成部分,为了加强危险品航空运输管理,促进危险品航空运输发展,保证航空运输安全,《中国民用航空危险品运输管理规定》(CCAR-276-R1)经修订由中国民用航空局于2013年9月22日发布,2014年3月1日施行,该规定细化了代理人在危险品航空运输中所要承担的主体责任,强化危险品航空运输安全管理;突出了危险品培训机构的重要性,明确了培训机构的法律地位;加大违规处罚力度,对隐报、瞒报行为予以重罚。为了配合《中国民用航空危险品运输管理规定》的实施,民航局运输司就危险品航空运输许可、地面服务代理人备案、危险品培训以及鉴定机构管理制定了具体的实施细则和程序,先后发布了《公共航空运输经营人危险品航空运输许可程序》《地面服务代理人危险品航空运输备案管理办法》《危险品航空运输培训管理办法》《货物航空运输条件鉴定机构管理办法》和《危险品监察员手册》等一系列管理程序、咨询通告和工作手册,使我国的危险品航空运输管理工作有了更明确、更细化的依据。

模块四　民用机场管理法律制度

知识链接

民用机场系统

民用机场系统是由各类机场设施组成的系统。

机场的功能主要有三个方面：为飞机运行服务，提供旅客、货物运输服务以及其他服务。

机场的活动是以旅客（或行李、货物等）为中心的。活动的范围包括空中空间和陆上空间两部分。

以机场的活动内容为标准，机场的系统可分为两大部分：

（1）空域。空域是受机场塔台控制指挥的控制区间，包括等候空区、进近净空区等。

（2）陆域。陆域可分为飞行区和服务区两个活动区间。

①飞行区。供飞机活动（如起飞、降落、地勤服务、维修、装载、卸载等）的陆域，包括跑道、滑行道、停机坪、待飞小场地及有关服务设施等。

②服务区（也称航站区）。为旅客、货物、邮件运输服务及为飞行技术服务的设施，包括候机楼、停机坪、停车场，以及指挥塔台、通信台站等。

模块小结

本模块讲述的是航空机场管理法律制度知识。民用机场是指专供民用航空器起飞、降落、滑行、停放以及进行其他活动使用的划定区域，包括附属的建筑物、装置和设施。民用机场设立在一国领域内所产生的社会关系，主要由该国的国内法来调整，但应尽可能地采用国际规范和通行做法。民用机场的建设和使用应当统筹安排、合理布局，提高机场的使用效率。运输机场运营管理由依法组建的或者受委托的具有法人资格的机构负责。通过国际机场的出入境人员、货物、运输工具、行李物品、邮递物品和其他物品进行"一关四检"。

课后练习

【单选题】

1. 关于机场的分类，按照机场的使用用途划分，可分为（　　）。
   ①航空训练机场　②航空运输机场　③航空体育机场　④航空作业机场
   A. ①②③　　　　B. ①②④　　　　C. ②③④　　　　D. ①②③④

2. 设立在候机楼内的小件物品寄存场所，其寄存的物品应当（　　）。
   A. 直接寄存　　　　　　　　　　B. 经过安全检查
   C. 随便放置　　　　　　　　　　D. 派员守护

【多选题】

（　　）构成民用机场的完整定义。
A. 专供民用航空器起飞、降落、滑行、停放以及进行其他活动使用的划定区域
B. 包括临时机场
C. 包括附属的建筑物、装置和设施
D. 包括军民共用机场

【思考题】

1. 试述民用机场的概念及分类。
2. 试述民用机场使用许可证的申请条件。
3. 试述民航机场安检工作的相关规定。

案例分析

2008年9月16日下午4点，在执行MU5794石家庄—昆明的航班检查时，开包员在一名旅客的随身行李中查出水果刀一把，经开包员解释后，该名旅客同意将水果刀放入随身行李办理托运。当该旅客办完托运手续重新通过安检时，机场安全检查员观察到此旅客的走路姿势不太协调，随即对他进行严格检查，没想到竟从旅客的鞋内查出了刚才已经被"托运"了的水果刀，开包员在对其进行全面检查后，将该名旅客移交公安机关处理。

思考： 该旅客触犯了什么法律规定？他应受到怎样的处罚？为什么？

查找并分析民用机场法律事件

1. 实训目标

通过在网络或报纸、杂志上查找各种与民用机场有关的案例训练，了解我国民用机场发展的现状。

2. 实训准备

分组训练，每组 5～10 人。

3. 实训时间

学完民用机场管理法律制度后由学生课下完成，时间为 1 周，做完后可以利用 1 课时组织学生交流。

4. 实训办法

（1）小组成员召开会议，进行讨论与分工。

（2）采用多种方法查找有关民用机场的资料和案例，确保来源真实可靠有针对性。

（3）将查找的资料进行汇总整理。

5. 考核办法

每组派一位同学上台选取有代表性的案例进行观点陈述，表明自己的感想和看法。教师组织大家讨论，然后根据各组资料收集情况、课堂发言情况进行考核打分。

模块五

公共航空运输管理法律制度

1. 了解公共航空运输的概念、分类和特点；
2. 理解公共航空运输合同的概念、分类及其特征；
3. 掌握公共航空运输合同的构成、成立、生效和完成；
4. 理解公共航空运输凭证的相关法律规定；
5. 掌握公共航空运输承运人的责任。

1. 能够对公共航空运输合同中构成及成立的主要条款作出正确的分析；
2. 能够正确分析公共航空运输活动过程中承运人与消费者之间常见的合同纠纷。

1. 培养学生树立法律意识、服务意识，诚实守信的品质，以人为本、和谐相处的人文情怀；
2. 培养学生的沟通能力、团队合作能力和抗压能力，引导学生互助、包容、友善；
3. 关注社会热点问题，增强应变能力。

模块五 公共航空运输管理法律制度

2007年3月，到海南旅游的张某购买了许多纪念品，其中有一把工艺小腰刀特别精致，他爱不释手。当他在机场接受安全检查时，工作人员禁止他登机。张某舍不得心爱的腰刀离身，虽然经过工作人员耐心解释，但他还是固执己见。不得已，机场安全保卫人员把他留在了机场。过后，张某要求民航公司赔偿他的误机损失。

案例思考：航空公司是否应该赔偿张某的误机损失？

单元一　公共航空运输概述

一、公共航空运输的概念

航空运输是指使用航空器运送人员、货物、邮件的一种运输方式。它具有快速、机动的特点，是现代旅客运输，尤其是远程旅客运输的重要方式，为国际贸易中的贵重物品、鲜活货物和精密仪器运输所不可缺的方式。

公共航空运输是指公共航空运输企业使用民用航空器经营的旅客、行李或货物的运输，包括公共航空运输企业使用民用航空器办理的免费运输。

公共航空运输的产品表现为生产过程在流通过程中的延续，产品形态是运输对象在空间上的位移，通过航空运输使用人的购买完成其商品属性。

二、公共航空运输的分类

根据不同的分类标准，公共航空运输可划分为不同的种类。

1. 按航空运输的性质分类

按照航空运输的性质划分，公共航空运输可分为国内航空运输和国际航空运输两大类。

根据《民用航空法》第一百零七条的定义，所谓国内航空运输，是指根据当事人订立的航空运输合同，运输的出发地点、约定的经停地点和目的地点均在中华人民共和国境内的运输。而所谓国际航空运输，是指根据当事人订立的航空运输合同，无论运输有无间断或者有无转运，运输的出发地点、目的地点或约定的经停地点之一不在中华人民共和国境内的运输。

2. 按航空运输的对象分类

按照航空运输的对象划分，公共航空运输可分为航空旅客运输、航空旅客行李运输和航空货物运输三类。

较为特殊的是航空旅客行李运输既可附属于航空旅客运输中，也可看作一个独立的运输过程。航空邮件运输是特殊的航空货物运输，一级情况下优先运输，受《中华人民共和国邮政法》（以下简称《邮政法》）及相关行政法规、部门规章等调适，不受《民用航空法》相关条文规范。

3. 按时间意义上分类

按照时间意义上划分，公共航空运输可分为定期航空运输和不定期航空运输。定期航空运输是指按照公布的时刻由预定的飞行实施、对公众开放的收费运输。不定期航空运输是指飞行时间不固定、时刻不予公布、公众可以乘坐的收费航空运输。不定期航空运输主要是指包机运输。所谓包机运输是指民用航空运输使用人为一定的目的包用公共航空运输企业的航空器进行载客或载货的一种运输形式。其特点是包机人需要和承运人签订书面的包机运输合同，并在合同有效期内按照包机合同自主使用民用航空器，包机人不一定直接参与航空运输活动。

三、公共航空运输的特点

1. 服务性

公共航空运输属于第三产业，是服务性行业。它以提供"空间位移"的多少反映服务的数量，又以服务手段和服务态度反映服务的质量。这一属性决定了承运人必须不断扩大运力满足社会上日益增长的产品需求，遵循"旅客第一，用户至上"的原则，为产品使用人提供安全、便捷、舒适、正点的优质服务。

2. 商品性

公共航空运输所提供的产品是一种特殊形态的产品——"空间位移"，其产品形态是改变航空运输对象在空间上的位移，产品单位是"人公里"和"吨公里"，航空运输产品的商品属性是通过产品使用人在航空运输市场上的购买行为最后实现的。

3. 国际性

公共航空运输已成为现代社会重要的交通运输形式，成为国际政治往来和经济合作的纽带。这里面既包括国际友好合作，也包含着国际激烈竞争，在服务、运价、技术协调、经营管理和法律法规的制定实施等方面，都要受国际统一标准的制约和国际航空运输市场的影响。

4. 准军事性

人类的航空活动首先投入军事领域，而后才转为民用。现代战争中制空权的掌握是取得战争主动地位的重要因素。因此，很多国家在法律中规定，公共航空运输所拥有的机群和相关人员在平时服务于国民经济建设，作为军事后备力量，在战时或紧急状态时，民用航空即可依照法定程序被国家征用，服务于军事上的需求。

5. 资金、技术、风险密集性

公共航空运输是一个高投入的产业，无论运输工具，还是其他运输设备都价值昂贵、成本巨大，因此其运营成本非常高。公共航空运输业由于技术要求高，设备操作复杂，各部门间互相依赖程度高，因此其运营过程中风险性大。任何一个国家的政府和组织都没有相应的财力，像贴补城市公共交通一样去补贴本国的公共航空运输企业。出于这个原因，公共航空运输在世界各国都被认为不属于社会公益事业，都必须以盈利为目标才能维持其正常运营和发展。

6. 自然垄断性

由于公共航空运输投资巨大，资金、技术、风险高度密集，投资回收周期长，对航空运输主体资格限制较严，市场准入门槛高，加之历史的原因，使公共航空运输在发展过程中形成自然垄断。

知识链接

实现公共航空运输的要素

实现公共航空运输的要素主要包括航空站、航空器、航线、航班和航空企业等。

（1）航空站。航空站俗称机场，又称航空港，是供飞机起飞及飞行活动的场所。

（2）航空器。狭义上的航空器指的是飞机。广义上的航空器泛指所有能够借助空气的反作用在大气中获得支持的机器。这里所指的航空器主要是指狭义上的飞机。

（3）航线。航线是经过批准开辟的连接两个或几个地点进行定期或不定期飞行，经营运输业务的航空交通线。航线规定了航线的明确方向、经停地点以及航路的宽度和飞行的高度层。为了飞行安全、维持空中交通秩序，民航从事运输飞行，必须按照规定的航线飞行。

（4）航班。飞机由始发站起飞按照规定的航线经过经停站至终点站作运输飞行称为航班。航班要根据班机时刻表在规定的航线上使用规定的机型，按照规定的日期、规定的时刻飞行。即具有"定航线、定机型、定日期、定时刻"的"四定"特征。

（5）航空企业。航空企业是指拥有航空器并从事航空运输服务的企业。

模块五 公共航空运输管理法律制度

单元二 公共航空运输合同

一、公共航空运输合同的概念及特征

公共航空运输合同是航空运输承运人使用民用航空器将旅客或货物从起运点运输到约定地点，旅客、托运人或收货人支付票款或运输费用的合同。航空运输合同属于双务合同，航空运输合同当事人间互享权利互负义务，其权利、义务是对等的。

公共航空运输合同与其他合同相比，具有以下特征：

（1）双务合同。双务合同是指双方当事人都享有权利和承担义务的合同。它区别于仅由一方当事人负担义务，而另一方当事人完全不负担义务的单务合同。

在公共航空运输合同中，双方当事人的权利和义务对等。承运人的义务是将旅客或货物按照合同约定，安全、及时地从一地运送到目的地，这种义务恰是旅客或托运人的合同权利；旅客或托运人的义务则是向承运人支付机票费、行李费、运费和其他有关费用，这种义务恰是承运人的权利。

（2）有偿合同。在公共航空运输活动中，航空承运人向作为消费者的旅客提供运送服务行为是以消费者支付相应费用为对价的，具有有偿性。

（3）诺成合同。公共航空运输合同原则上应被认为是诺成合同，就客运合同而言，旅客购得客票客运合同即告成立，当为诺成合同；就货运合同而言，托运人交付货物一般仅是承运人履行合同义务的条件，而不是货运合同成立的条件，除非双方在合同中另行约定托运人办完托运手续领取托运单，当为合同成立条件，否则货运合同也是诺成合同。

（4）格式合同。所谓格式合同，是基本内容与形式均由一方当事人为与多数人订立合同而事先制定，并在其经营或管理活动中反复使用，而作为另一方当事人（或单独、或集体）不能对合同基本内容与形式做出任何变更的合同。

公共航空运输合同的基本内容全部由承运人单方事先依法律、行业惯例、经营需要确定，消费者只有对合同表示接受或不予接受的权利，却没有对合同条件讨价还价的自由。无论消费者对合同内容知与不知，多知或少知，消费者均要受其约束。

（5）记名合同。作为公共航空运输合同的重要组成部分的运输凭证是一种记名有价证券。每一张运输凭证都实名记载了旅客或托运人的名字和身份证号，无论是承运人还是代理人填发的客票、行李票、货运单等运输凭证，都只是一种权利凭证，是不可流通的。

二、公共航空运输合同的分类

公共航空运输合同的分类依照不同的分类标准，可以分为以下几种。

1. 按航空运输合同标的分类

按航空运输合同标的的不同划分，可分为国际航空运输合同和国内航空运输合同两种。所谓国际航空运输合同，就是指标的为国际航空运输行为的运输合同。所谓国内航空运输合同，就是指标的为国内航空运输行为的运输合同。区分一份航空运输合同是国际航空运输合同还是国内航空运输合同，唯一的标准就是根据当事人订立的航空运输合同，运输的"出发地点""约定的经停地点"和"目的地点"中只要有一个位于我国境外，则该合同就是国际航空运输合同，这三个地点只有全部位于我国境内，该合同才是国内航空运输合同。

2. 按航空运输对象分类

按航空运输对象的不同划分，可将航空运输合同分为航空旅客运输合同、航空旅客行李运输合同和航空货物运输合同。值得一提的是航空旅客行李运输合同既可以认为是一种独立的合同形式，也可以视为是航空旅客运输合同的附属合同，此时合同形式便称为航空旅客和行李运输合同，如果没有其他特别说明，也可将航空旅客和行李运输合同约定俗成地称为航空旅客运输合同。一般所说的航空运输合同就是指航空旅客和行李运输合同及航空货物运输合同这两种合同形式。而航空邮件运输合同则为航空货物运输合同的特殊形式，受《邮政法》及相关行政法规、部门规章等调适，不受《民用航空法》相关条文规范。

3. 按航空运输主体权利义务关系分类

按航空运输主体权利义务关系划分，可将航空运输合同分为标准型和约定型两种。所谓标准型的航空运输合同，就是指航空运输主体权利义务关系主要由法律规定的航空运输合同，合同条款基本都是格式条款，一般常见的航空运输合同基本都是标准型的；所谓约定型的航空运输合同，就是指航空运输主体权利义务关系除法律规定外，还可由合同双方进行合乎法律规定的约定，合同条款除格式条款外，还有合同双方协商约定的条款，比较常见的有包机（舱）运输合同。

课堂小提示

航空运输合同各方认为几个连续的航空运输承运人办理的运输是一项单一业务活动的，无论其形式是以一个合同订立或者数个合同订立，应当视为一项不可分割的运输。

三、公共航空运输合同的构成

公共航空运输合同法律关系中的构成要素主要有主体、客体和内容三部分。

（一）公共航空运输合同的主体

合同主体是合同关系的当事人，他们是实际享受合同权利并承担合同义务的人。航空运输合同主体是指参与航空运输活动的当事人，包括承运人、旅客、托运人和收货人。在航空旅客和行李运输合同中，一方当事人是承运人，另一方当事人是旅客；在航空货物运输合同中，一方当事人是承运人，另一方当事人是托运人和收货人。双方当事人既是权利主体，又是义务主体。

（1）承运人。承运人是指利用运输工具，提供运输服务的人。航空承运人则是从事公共航空运输事业的企业法人。在航空旅客和行李运输合同中，承运人是指包括填开客票的航空承运人和承运或约定承运该客票所列旅客及其行李的所有航空承运人。在航空货物运输合同中，承运人是指包括接受托运人填开的航空货运单或者保存货物记录的航空承运人，以及运送或从事承运货物或提供该运输的任何其他服务的所有航空承运人。

（2）旅客。旅客是指经承运人同意在民用航空器上载运除机组成员外的任何人。因此，未经承运人同意参与民用航空器的运输活动的人（如私自搭乘、偷乘飞机偷渡的人）不认为是旅客。经承运人同意免费载运的除机组成员外的任何人是旅客。

（3）托运人。托运人是指为货物运输与承运人订立合同，并在航空货运单或者货物运输记录上署名的人。

（4）收货人。收货人是指承运人按照航空货运单或者货物运输记录上所列名称而交付货物的人。

（二）公共航空运输合同的客体

公共航空运输合同的客体，即公共航空运输合同的标的，是指航空运输承运人按照航空运输合同的约定，使用航空器并提供与运输条件相对应的必要服务，将旅客和货物安全、及时地从起运点运送到约定地点的航空运输行为。可见，运输合同的客体是承运人运送行为，不是货物和旅客；旅客和货物是航空运输的对象，同时旅客还是航空运输合同的另一方主体。

作为公共航空运输合同客体的航空运输行为，是一种合同行为。因为航空运输作为一种公共运输，运输行为除具有商业性外，还具有公益性，因此，对从事航空运输行为的承运人的要求比一般承运人都高，一般都有对旅客或托运人利益做了较为有利保护的专门的行政性文件进行规范。

(三)公共航空运输合同的内容

公共航空运输合同的内容就是合同当事人所约定的权利义务,包括合同的权利和合同的义务,简称债权和债务。合同内容也称合同条款,通常分为主要条款和普通条款。公共航空运输合同的内容是指航空运输合同主体享有的权利和承担的义务。

1. 公共航空运输合同主体享有的权利

(1)享有参加航空运输的权利。旅客和托运人有权选择运输方式,有权要求承运人提供与该运输条件相应的必要服务,将其安全及时运送到目的地,但是如果承运人认为运输使用人有违反国家法律法规行为,不遵守运输规则,有权拒绝承运。

(2)享有要求对方作为或不作为的权利。承运人有权要求运输使用人为一定行为,即按照合同约定缴付运输费用,也有权要求运输使用人不为一定行为,即运输使用人不得有违反国家法律法规行为和不遵守运输规则的行为。运输使用人则有权要求承运人按照运输合同的约定提供航空运输工具和与该条件相应的必要服务,将其安全及时地运送到目的地。同时运输使用人也有权要求承运人不得违反约定的义务。

(3)当权利受到侵犯时,有要求国家保护的权利。因承运人原因给旅客或托运人造成人身伤害或行李、货物丢失、毁损的,旅客或承运人有权要求承运人承担赔偿责任。反之,因运输使用人的过错致使承运人或承运人对之负责的任何他人遭受损害的,承运人也有权要求其承担相应责任。

2. 承运人主要承担的义务

在公共航空运输合同中,承运人主要承担以下基本义务:

(1)接受托运人运送货物的要求。《中华人民共和国民法典》(以下简称《民法典》)第八百一十条规定:从事公共运输的承运人不得拒绝旅客、托运人通常、合理的运输要求。这里所指的"通常、合理的运输要求"是指承运人业务范围以内的、符合法律、法规规定的运输要求。

(2)按合同约定,准时将所托的货物送到目的地。准时是指合同中约定的合理的时间,超过时间是违反合同约定的,应承担违约责任。《民法典》第八百一十一条规定:承运人应当在约定期限或者合理期限内将旅客、货物安全运输到约定地点。约定地点是指承运人不能将托运的货物运送到合同约定以外的地点,错运要承担赔偿损失的责任。

(3)承运人应当按约定将货物交付给收货人。《民法典》第八百三十条规定:货物运输到达后,承运人知道收货人的,应当及时通知收货人,收货人应当及时提货;收货人逾期提货的,应当向承运人支付保管费等费用。

> **课堂小提示**
>
> 作为航空运输合同另一方当事人的旅客、托运人、收货人应履行支付票款或运输费用的基本义务。

3. 公共航空旅客运输合同的内容

公共航空旅客运输合同的内容就是承运人和旅客双方当事人的权利和义务。

（1）旅客的主要权利：参加航空运输和选择承运人的权利；按规定的限量免费携带行李；权利损害的救济请求权；在约定的时间内享有退票或变更的权利。

（2）旅客的主要义务：应持有效客票、支付相应费用乘机；应按时乘机；应按照规定限量携带准予运输的行李；应遵守安全规则和接受安全检查。

（3）承运人的主要权利：按规定标准收取票款和其他费用；按照有关规定查验机票、检查旅客携带行李及危险物品；有权对拒绝检查的旅客或不轨旅客拒载。

（4）承运人的主要义务：强制缔约义务；安全、正点运输义务；提供必要的服务；合理运输不得绕航的义务。

4. 公共航空货物运输合同的内容

公共航空货物运输合同的内容就是承运人和托运人/收货人之间的权利和义务，其中一方的权利就是对方的义务。

（1）托运人的义务：应认真填写航空货运单，对货运单内容的真实性、准确性负责，并在货运单上签字或盖章；对托运的货物按照相关规定的标准进行包装；必须在托运的货件上标明发站、到站和托运人单位、姓名、详细地址及规定的储运指示标志；托运国家规定必须保险的货物时，托运人应在托运时投保货物运输险；应接受航空承运人对航空货运单的查核或货物开箱检查；应按有关规定处理禁运品、限运品和危险品；应按民航主管机关规定的费率缴付运费和其他费用。

（2）收货人的义务：应按时提取货物；应向承运人支付逾期提货的保管费；对货损最迟应在收到货物之日起10日内提出异议，否则丧失索赔权。

（3）承运人的义务：缔约承运人要按照合同约定履行其义务，包括：强制缔约义务；安全、正点运输义务；合理运输不得绕航的义务；出具航空货运单或货物收据的义务；货物到达目的地后通知收货人的义务；对货物的不合理损失进行赔偿的义务。实际承运人是根据缔约承运人的授权进行航空运输活动的人，其义务根据缔约承运人的授权来确定。

四、公共航空运输合同的成立、生效和完成

公共航空运输合同是航空运输合同当事人达成合意,并经过要约和承诺程序后订立的。航空运输使用人依照约定支付使用航空运输服务的对价,承运人向航空运输使用人出具运输凭证,航空运输合同即告成立,而其生效则要经过法定的确认程序。航空运输合同的完成以旅客到达运送目的地和托运货物的交付为标志。

1. 航空客运合同的成立、生效和完成

航空客运合同的订立通过旅客的购票行为完成。民航承运人的航班班期时刻应在实施前对外公布,这一行为可视为要约邀请。航空客运合同的成立和生效并不一致。航空客运合同的生效时间为旅客持客票办理完值机手续时,即公共运输企业通过其地面值机柜台工作人员查验客票、托运行李、发放登机牌等行为开始履行航空客运合同。旅客到达目的地并走出候机楼到达厅视为合同的完成。

2. 航空货运合同的成立、生效和完成

航空货物运输合同的订立,要遵守国家法律法规的规定,不得损害国家利益和社会公众利益。根据《民用航空法》的有关规定,承运人有权要求托运人填写航空货运单,托运人有权要求承运人接受该航空货运单。托运人未能出示航空货运单、航空货运单不符合规定或者航空货运单遗失,不影响运输合同的存在或者有效。托运人应当对航空货运单上所填关于货物的说明和声明的正确性负责。因航空货运单上所填的说明和声明不符合规定、不正确或者不完全,给承运人或者承运人对之负责的其他人造成损失的,托运人应当承担赔偿责任。

此外,托运人可以与承运人订立包机运输合同。托运人要求包用飞机运输货物,应填写包机申请书,经承运人同意接受并签订包机运输协议书后,航空运输合同即告成立。

五、公共航空运输合同的变更和解除

公共航空运输合同的变更是指合同有效期间内,当事人根据情况的变化,依照相应的程序和条件,在协商一致的基础上,对合同的部分条款进行的修改和补充。合同的解除是指合同生效后、有效期限届满之前,经过双方当事人的协商,或者由一方当事人根据法律规定或合同约定行使解除权,从而提前结束合同效力的行为。

1. 航空客运合同的变更和解除

航空旅客运输合同成立后,在合同履行之前,旅客因自己的原因不能按照客票记载的时间乘坐的,可以在法定或约

拓展阅读:客票纠纷案

定的时间内变更或解除合同,即变更客票记载或办理退票手续。此种变更或解除被称为自愿变更或解除。旅客因自己的原因不能按照客票记载的时间乘坐的,应当在约定的时间内办理退票或变更手续。逾期办理的,航空承运人可以不退票款,并不再承担运输义务。

航空承运人应当按照客票载明的时间和班次运输旅客。航空承运人迟延运输的,应当根据旅客的要求安排改乘其他班次、变更运输路线以到达目的地或退票。在客运合同订立后,航空承运人单方变更运输工具的,应视为一种违约行为。航空承运人擅自变更运输工具而降低服务标准的,旅客有权要求退票或减收票款。航空承运人变更运输工具,提高服务标准的,无权向旅客加收票款。

2. 航空货运合同的变更和解除

货物承运后,托运人可以按照有关规定要求变更到站、变更收货人或运回原发站。托运人对已承运的货物要求变更时,应当提供原托运人出具的书面要求、个人有效证件和货运单托运人联。要求变更运输的货物,应是一张货运单填写的全部货物。

对托运人的变更要求,只要符合条件的,航空承运人都应及时处理;但如托运人的变更要求违反国家法律、法规和运输规定,承运人应予以拒绝。

由于承运人执行国家交给的特殊任务或气象等原因,需要变更运输时,承运人应及时与托运人或收货人商定处理办法。对于托运人的指示不能执行的,承运人应当立即通知托运人,并说明不能执行的理由。承运人按照托运人的指示处理货物,没有要求托运人出示其所收执的航空货运单,给该航空货运单的合法持有人造成损失的,承运人应当承担责任,但不妨碍承运人向托运人追偿。

货物发运前,经合同当事人双方协商同意,或任何一方因不可抗力不能履行合同时,可以解除航空运输合同,但应及时通知对方。承运人提出解除合同的,应退还已收的运输费用;托运人提出解除合同的,应付给承运人已发生的费用。

知识链接

公共航空旅客运输合同责任形式

公共航空旅客运输合同责任形式是指违反合同所承担的责任,主要形式:继续履行;采取补救措施,如航班延误,优先安排乘坐后续航班、安排食宿;赔偿损失;解除合同。

单元三 航空运输凭证

航空运输凭证包括客票、行李票和航空货运单。航空运输合同的成立以旅客或托运人支付票款或运输费用、承运人向旅客或托运人提供航空运输凭证为条件。运输凭证就是航空运输合同订立和运输合同条件的初步证据,它只是航空运输合同关系的证明或主要条款的书面化、证据化,而不是航空运输合同本身。

一、客票

客票是指由承运人或代表承运人所填开的被称为"客票及行李票"的凭证,包括运输合同条件、声明、通知以及乘机联和旅客联等内容。航空客票按使用范围分为国际客票和国内客票;按旅客的航程要求分为单程客票、来回程客票和环程客票;按客舱等级主要分为一等舱客票和普通舱(或称经济舱)客票;按客票的票价分为全价客票、折扣价客票(如季节性折扣客票等)、儿童客票、婴孩客票等。

承运人运送旅客,应当出具客票。旅客乘坐民用航空器,应当交验有效客票。

1. 客票记载内容

《民用航空法》规定,客票应当包括的内容由国务院民用航空主管部门规定,至少应当包括以下内容:

(1)出发地点和目的地点;

(2)出发地点和目的地点均在中华人民共和国境内,而在境外有一个或者数个约定的经停地点的,至少注明一个经停地点;

(3)旅客航程的最终目的地点、出发地点或者约定的经停地点之一不在中华人民共和国境内,依照所适用的国际航空运输公约的规定,应当在客票上声明此项运输适用该公约的,客票上应当载有该项声明。

《公共航空运输旅客服务管理规定》规定,承运人或者其航空销售代理人出票后,应当以电子或者纸质等书面方式告知旅客涉及行程的重要内容,至少应当包括以下内容:

(1)承运人名称,包括缔约承运人和实际承运人;

(2)航班始发地、经停地、目的地的机场及其航站楼;

(3)航班号、航班日期、舱位等级、计划出港和到港时间;

(4)同时预订两个及以上航班时,应当明确是否为联程航班;

(5)该航班适用的票价以及客票使用条件,包括客票变更规则和退票规则等;

(6)该航班是否提供餐食;

(7)按照国家规定收取的税、费;

（8）该航班适用的行李运输规定，包括行李尺寸、重量、免费行李额等；

（9）旅客姓名；

（10）票号或者合同号以及客票有效期；

（11）出行提示信息，包括航班始发地停止办理乘机登记手续的时间要求、禁止或者限制携带的物品等；

（12）免费获取所适用运输总条件的方式。

2. 客票变更与退票

《公共航空运输旅客服务管理规定》规定：客票变更，包括旅客自愿变更客票和旅客非自愿变更客票。退票包括旅客自愿退票和旅客非自愿退票。旅客自愿变更客票或者自愿退票的，承运人或者其航空销售代理人应当按照所适用的运输总条件、客票使用条件办理。由于承运人原因导致旅客非自愿变更客票的，承运人或者其航空销售代理人应当在有可利用座位或者被签转承运人同意的情况下，为旅客办理改期或者签转，不得向旅客收取客票变更费。由于非承运人原因导致旅客非自愿变更客票的，承运人或者其航空销售代理人应当按照所适用的运输总条件、客票使用条件办理。旅客非自愿退票的，承运人或者其航空销售代理人不得收取退票费。

承运人或者其航空销售代理人应当在收到旅客有效退款申请之日起 7 个工作日内办理完成退款手续，上述时间不含金融机构处理时间。在联程航班中，因其中一个或者几个航段变更，导致旅客无法按照约定时间完成整个行程的，缔约承运人或者其航空销售代理人应当协助旅客到达最终目的地或者中途分程地。在联程航班中，旅客非自愿变更客票的，按照前述规定办理。

3. 客票的法律性质

《民用航空法》对客票的法律性质作如下规定：

客票是航空旅客运输合同订立和运输合同条件的初步证据。

旅客未能出示客票、客票不符合规定或者客票遗失，不影响运输合同的存在或者有效。

在国内航空运输中，承运人同意旅客不经其出票而乘坐民用航空器的，承运人无权援用有关赔偿责任限制的规定。

在国际航空运输中，承运人同意旅客不经其出票而乘坐民用航空器的，或者客票上未依照规定声明的，承运人无权援用有关赔偿责任限制的规定。

拓展阅读：机票超售案

二、行李票

承运人载运托运行李时，行李票可以包含在客票之内或者与客票相结合。

1. 行李票记载内容

《民用航空法》规定，除客票记载内容的规定外，行李票应当包括下列内容：

（1）托运行李的件数和重量；

（2）需要声明托运行李在目的地点交付时的利益的，注明声明金额。

2. 行李票的法律性质

《民用航空法》对行李票的法律性质作如下规定：

行李票是行李托运和运输合同条件的初步证据。

旅客未能出示行李票、行李票不符合规定或者行李票遗失，不影响运输合同的存在或有效。

在国内航空运输中，承运人载运托运行李而不出具行李票的，承运人无权援用有关赔偿责任限制的规定。

在国际航空运输中，承运人载运托运行李而不出具行李票的，或者行李票上未依照规定声明的，承运人无权援用有关赔偿责任限制的规定。

拓展阅读：行李损失案

> **课堂小提示**
>
> 承运人对旅客托运的每件行李应拴挂行李牌，并将其中的识别联交给旅客。经承运人同意的自理行李应与托运行李合并计重后，交由旅客带入客舱自行照管，并在行李上拴挂自理行李牌。不属于行李的物品应按货物托运，不能作为行李托运。

三、航空货运单

航空货运单是指托运人或者托运人委托承运人填制的，是托运人和承运人之间为在承运人的航线上承运货物所订立合同的证据。

1. 航空货运单填写要求

托运人应当填写航空货运单正本一式三份，连同货物交给承运人。航空货运单第一份注明"交承运人"，由托运人签字、盖章；第二份注明"交收货人"，由托运人和承运人签字、盖章；第三份由承运人在接受货物后签字、盖章，交给托运人。

承运人根据托运人的请求填写航空货运单的，在没有相反证据的情况下，应当视为代托运人填写。

2. 航空货运单填写内容

《民用航空法》规定，航空货运单应当包括的内容由国务院民用航空主管部门规定,至少应当包括以下内容:出发地点和目的地点;出发地点和目的地点均在中华人民共和国境内,而在境外有一个或者数个约定的经停地点的,至少注明一个经停地点;货物运输的最终目的地点、出发地点或者约定的经停地点之一不在中华人民共和国境内,依照所适用的国际航空运输公约的规定,应当在货运单上声明此项运输适用该公约的,货运单上应当载有该项声明。

《中国民用航空货物国内运输规则》规定,航空货运单应当至少包括下列内容:填单地点和日期;出发地点和目的地点;第一承运人的名称、地址;托运人的名称、地址;收货人的名称、地址;货物品名、性质;货物的包装方式、件数;货物的重量、体积或尺寸;计费项目及付款方式;运输说明事项;托运人的声明。

《中国民用航空货物国际运输规则》规定,航空货运单至少应当包括下列内容:填写的地点和日期;出发地点和目的地点;出发地点和目的地点均在中华人民共和国境内,而在境外有一个或者数个约定的经停地点的,至少注明一个经停地点;托运人的名称和地址;第一承运人的名称和地址;收货人的名称和地址;货物的性质;包装件数、包装方式、特殊标志或者号数;货物的重量、数量、体积或者尺寸;货物和包装的外表情况;运费,如经议定,付费日期和地点及付费人;提取货物时支付货款的,应当注明货物的价格和必要时应付的费用金额;需要声明货物在目的地点交付时的利益的,应当注明声明价值金额;货运单的份数;随货运单交给承运人的文件;如经议定,应当注明完成货物运输的时间和概要说明经过的路线;货物运输的最终目的地点、出发地点或者约定的经停地点之一不在中华人民共和国境内,依照所适用的国际航空运输公约的规定,应当在货运单上声明此项运输适用该公约的,货运单上应当载有该项声明。

3. 航空货运单的法律性质

《民用航空法》对航空货运单的法律性质作如下规定:

在国内航空运输中,承运人同意未经填具航空货运单而载运货物的,承运人无权援用有关赔偿责任限制的规定。在国际航空运输中,承运人同意未经填具航空货运单而载运货物的,或者航空货运单上未依照规定声明的,承运人无权援用有关赔偿责任限制的规定。

托运人应当对航空货运单上所填关于货物的说明和声明的正确性负责。

因航空货运单上所填的说明和声明不符合规定、不正确或者不完全,给承运人或者承运人对之负责的其他人造成损失的,托运人应当承担赔偿责任。

航空货运单是航空货物运输合同订立和运输条件以及承运人接受货物的初步证据。航空货运单上关于货物的重量、尺寸、包装和包装件数的说明具有初步证据的效力。除经过承运人和托运人当面查对并在航空货运单上注明经过查对或者书写关于货物的外表情况的说明外,航空货运单上关于货物的数量、体积和情况的说明不能构成

不利于承运人的证据。

托运人在履行航空货物运输合同规定的义务的条件下，有权在出发地机场或者目的地机场将货物提回，或者在途中经停时中止运输，或者在目的地点或者途中要求将货物交给非航空货运单上指定的收货人，或者要求将货物运回出发地机场；但是，托运人不得因行使此种权利而使承运人或者其他托运人遭受损失，并应当偿付由此产生的费用。托运人的指示不能执行的，承运人应当立即通知托运人。

承运人按照托运人的指示处理货物，没有要求托运人出示其所收执的航空货运单，给该航空货运单的合法持有人造成损失的，承运人应当承担责任，但是不妨碍承运人向托运人追偿。

收货人的权利依照规定开始时，托运人的权利即告终止；但是，收货人拒绝接受航空货运单或者货物，或者承运人无法同收货人联系的，托运人恢复其对货物的处置权。收货人于货物到达目的地点，并在缴付应付款项和履行航空货运单上所列运输条件后，有权要求承运人移交航空货运单并交付货物。

除另有约定外，承运人应当在货物到达后立即通知收货人。承运人承认货物已经遗失，或者货物在应当到达之日起七日后仍未到达的，收货人有权向承运人行使航空货物运输合同所赋予的权利。

托运人和收货人在履行航空货物运输合同规定的义务的条件下，无论为本人或者他人的利益，可以以本人的名义分别行使法律所赋予的权利。托运人应当提供必需的资料和文件，以便在货物交付收货人前完成法律、行政法规规定的有关手续；因没有此种资料、文件，或者此种资料、文件不充分或者不符合规定造成的损失，除由于承运人或者其受雇人、代理人的过错造成的外，托运人应当对承运人承担责任。

知识链接

航空货运单分类

航空货运单的正本一式三份，每份都印有背面条款，其中一份交发货人，是承运人或其代理人接收货物的依据；第二份由承运人留存，作为记账凭证；最后一份随货同行，在货物到达目的地，交付给收货人时作为核收货物的依据。根据签发人的不同，航空货运单分为以下两类：

（1）航空主运单：凡由航空运输公司签发的航空货运单就称为主运单。它是航空运输公司据以办理货物运输和交付的依据，是航空公司和托运人订立的运输合同，每一批航空运输的货物都有自己相对应的航空主运单。

模块五 公共航空运输管理法律制度

(2) 航空分运单：即集中托运人在办理集中托运业务时签发的航空货运单。在集中托运的情况下，除航空运输公司签发主运单外，集中托运人还要签发航空分运单。

知识链接

托运货物未声明价值，应如何赔偿？

2005年10月27日，方某在汕头机场委托航空公司运输货物时，在《货物托运单》中填写货物名称为"复读机一件"，总质量为36千克。合同订立并支付了运费后，这批货物当天已运往成都，但货物后来丢失。之后方某两次分别利用该航空公司提供的免费机票和自己购买的自深圳至成都的机票，前往成都处理相关货物丢失事宜。方某称，2005年10月27日，他在汕头机场委托该航空公司运输用编织袋包装的复读机一件，总质量为36千克，价值21 600元。合同约定货物在成都机场自提，方某支付了运费277元，但成都方面并没有提到货物。为此，方某请求法院判令这家航空公司偿还自己的损失21 600元，以及直接经济损失1 360元等。航空公司提交的代理意见认为，本案作为典型的航空货物运输合同纠纷，合同是成立的。按照《中国民用航空货物国内运输规则》相关规定，赔偿额最高为每千克20元。方某提出货物损失21 600元，既没有提供货物实际名称、重量、金额等证据，又没有其他法律依据，航空公司不予认同。方某提出直接经济损失1 360元，也不能证明是货物丢失所必然产生的损失。

某市龙湖区人民法院认为该航空公司在运输过程中丢失货物，构成违约，应承担赔偿责任。但依照《民用航空法》的有关规定，对货物的赔偿受赔偿责任限额限制。并参照《中国民用航空货物国内运输规则》，由于方某在托运货物时未声明货物价值，应以货物毛重每千克人民币20元作为赔偿标准，即赔偿货物损失720元。同时，方某为处理货物丢失事宜曾自己前往成都并支出了路费，属于该项损失的间接损失，这家航空公司应当赔偿这笔车票费和机票费。为此，该法院作出判决：由该航空公司赔偿方某货物损失720元、运费277元和车票机票款1 360元。

单元四　承运人的责任

航空运输是基于承运人与旅客或货主之间所签订的航空运输合同而产生的法律行为，在这一合同的基础上，承运人与空运服务的相对人之间产生了一系列相应的权利义务关系，承运人责任就是承运人基于航空运输合同而对空运服务相对人所担负的侵权损害赔偿责任。《民用航空法》规定了承运人的责任制度，主要规定了承运人对旅客人身伤亡、行李或者货物的毁灭、遗失、损坏的严格责任制，以及承运人对旅客行李或者货物延误造成损失的过失推定责任制。

一、对旅客人身伤亡的责任

承运人因发生在民用航空器上或者在旅客上、下民用航空器过程中的事件，造成旅客人身伤亡的，应当承担责任；但是，旅客的人身伤亡完全是由于旅客本人的健康状况造成的，承运人不承担责任。

旅客在民用航空器上的全部期间为承运人责任期间的主要构成部分。承运人的责任期间是以是否存在航空风险为标准来确定的。旅客登机后直至其下了飞机，一般来说，该航空器即处于飞行中，旅客即面临着各种各样的与航空活动有关的风险。

旅客上航空器的过程中，即旅客的登机过程，是指旅客办理登机手续后至进入民用航空器之前因登机活动而处于承运人照管之下的期间。

拓展阅读：罗斯夫人人身损害赔偿案

旅客下航空器的过程中，即旅客的下机过程，是指旅客走出民用航空器后到达民用机场建筑的安全地带前因下机活动而处于承运人照管之下的期间。下列期间不属于"下民用航空器过程中"的阶段：

拓展阅读：谢某诉中国国际航空公司人身伤害赔偿纠纷案

（1）旅客结束下机后发现将手提行李遗忘在民用航空器上而返回到民用航空器上寻取行李的过程。

（2）旅客自候机楼走廊走向中转手续办理点的途中；旅客办理海关、边防手续后等候提取行李的过程。

（3）旅客到达机场建筑某一安全地带后，自该安全地带到托运行李提取处的途中。

二、随身携带物品或者托运行李毁灭、遗失或者损坏的责任

承运人因发生在民用航空器上或者在旅客上、下民用航空器过程中的事件，造成

旅客随身携带物品毁灭、遗失或者损坏的，应当承担责任。因发生在航空运输期间的事件，造成旅客的托运行李毁灭、遗失或者损坏的，承运人应当承担责任。

旅客随身携带物品或者托运行李的毁灭、遗失或者损坏完全是由于行李本身的自然属性、质量或者缺陷造成的，承运人不承担责任。

承运人因发生在航空运输期间的事件，造成货物毁灭、遗失或者损坏的，应当承担责任；但是，承运人证明货物的毁灭、遗失或者损坏完全是由于下列原因之一造成的，不承担责任：

（1）货物本身的自然属性、质量或者缺陷；
（2）承运人或者其受雇人、代理人以外的人包装货物的，货物包装不良；
（3）战争或者武装冲突；
（4）政府有关部门实施的与货物入境、出境或者过境有关的行为。

航空运输期间，是指在机场内、民用航空器上或者机场外降落的任何地点，托运行李、货物处于承运人掌管之下的全部期间。

航空运输期间，不包括机场外的任何陆路运输、海上运输、内河运输过程；但是，此种陆路运输、海上运输、内河运输是为了履行航空运输合同而装载、交付或者转运，在没有相反证据的情况下，所发生的损失视为在航空运输期间发生的损失。

在旅客、行李运输中，经承运人证明，损失是由索赔人的过错造成或者促成的，应当根据造成或者促成此种损失的过错的程度，相应免除或者减轻承运人的责任。旅客以外的其他人就旅客死亡或者受伤提出赔偿请求时，经承运人证明，死亡或者受伤是旅客本人的过错造成或者促成的，同样应当根据造成或者促成此种损失的过错的程度，相应免除或者减轻承运人的责任。

拓展阅读：托运皮箱被撬财物丢失，航空公司论斤赔偿

在货物运输中，经承运人证明，损失是由索赔人或者代行权利人的过错造成或者促成的，应当根据造成或者促成此种损失的过错的程度，相应免除或者减轻承运人的责任。

三、航班延误

1. 航班延误的概念

航班延误通常被习惯地称为航空运输中的延误。根据《民法典》的规定，从事公共运输的承运人不得拒绝旅客、托运人通常、合理的运输要求；承运人还应当在约定期间或者合理期限内将旅客、货物安全运输到约定地点；承运人应当按照约定的或者通常的运输路线将旅客、货物运输到约定地点。航班延

微课：关于航班延误

误是指承运人未能按照运输合同约定的时间将旅客、行李或者货物运抵目的地。

《民用航空法》中并没有对航班延误及其构成要素做出明确的界定，只是在第一百二十六条规定，旅客、行李或者货物在航空运输中因延误造成的损失，承运人应当承担责任；但是，承运人证明本人或者其受雇人、代理人为了避免损失的发生，已经采取一切必要措施或者不可能采取此种措施的，不承担责任。

自2017年1月1日起施行的《航班正常管理规定》对旅客集中关切的航班延误原因界定、延误后的信息告知方案、投诉的及时处理、反馈以及服务保障流程等问题作出了具体规范。其中将"航班延误"界定为：是指航班实际到港挡轮挡时间晚于计划到港时间超过15分钟的情况。

2. 航班延误的原因

航班延误的原因有多种类型，但主要可归纳为以下几种：

（1）天气原因。天气原因是造成航班延误的主要原因，包含了很多种情况：

1）出发地机场天气状况（能见度、低空云、雷雨区、强侧风）；

2）目的地机场天气状况（能见度、低空云、雷雨区、强侧风）；

3）飞行航路上的气象情况（高空雷雨区）；

4）机组状况（机组技术等级、分析把握当前气象及趋势作出专业的决策）；

5）飞机状况（该机型对气象条件的安全标准、符合安全的前提下某些机载设备失效导致飞机不宜在该天气状况飞行）；

6）因恶劣天气导致的后续状况（多指机场导航设施受损、跑道不够标准如结冰、严重积水等）等。

课堂小提示

天气原因绝不仅仅是指目的地机场所在城市的天气状况，飞机起降不怕大风大雨，影响的关键气象因素是能见度，机场起飞降落航道附近的低云、雷雨区，强侧风；人们眼前的天气晴朗，航班却因天气原因而延误是正常的。

（2）航空管制。航空管制对一次航班飞行的影响主要是流量控制和空军活动两方面的原因。

1）流量控制：目前我国因确保国防安全等原因，对空域实行严格限制，空中禁区多，军方负责组织实施全国飞行管制工作，民航方面可调节的余度很小，因此需要进行正常的流量控制。

2）空军活动：这种情况涉及国防机密，往往来得突然，相关民航的飞行都要受影响，或在地面等待，在空中的或返航或就近降落其他机场等待，遇到这种情况，只能等待，没有理由，没有预计时间，一切都是最高机密。

拓展阅读：关于航班延误险

（3）机械故障。旅客临上飞机或上了飞机后飞机出现故障不得不下飞机等待，有时候飞机起飞后才被告知飞机出现故障不得不返航或就近降落。

（4）旅客原因。造成航班延误的原因多种多样，有的属于不可抗拒的自然因素。但一些人为因素已成为造成航班延误的"新的增长点"。据统计，因旅客原因导致的航班延误占不正常航班的3%，和因飞机故障造成的延误数量相差无几。

3. 航班延误的处置

《航班正常管理规定》对航班延误处置作出以下规定：

（1）承运人应当制定并公布运输总条件，明确航班出港延误及取消后的旅客服务内容，并在购票环节中明确告知旅客。

国内承运人的运输总条件中应当包括是否对航班延误进行补偿；若给予补偿，应当明确补偿条件、标准和方式等相关内容。

（2）承运人应当积极探索航班延误保险等救济途径，建立航班延误保险理赔机制。

（3）承运人委托他人代理地面服务业务或者销售代理业务的，应当在代理协议中明确航班出港延误后的服务内容和服务标准。

（4）承运人及其航空销售代理人在售票时应当将旅客联系方式等必要信息准确录入旅客订座系统，并负责及时通告旅客航班动态信息。

（5）承运人、机场管理机构、地面服务代理人应当分别制定备降航班地面服务保障工作程序和应急预案。承运人与备降机场管理机构、地面服务代理人有备降保障协议的，备降机场管理机构和地面服务代理人应当按保障协议做好备降航班服务工作。

承运人签订协议的备降机场无法接收备降，航班需在其他机场备降时，相关机场管理机构应当按照有关规定积极创造条件，在保证安全的前提下，提供备降保障，不得借故不予保障。

（6）航班出港延误或者取消时，承运人、机场管理机构、空管部门、地面服务代理人、航空销售代理人应当加强信息沟通和共享。

承运人应当每隔30分钟向机场管理机构、空管部门、地面服务代理人、航空销售代理人发布航班出港延误或者取消信息，包括航班出港延误或者取消原因及航班动态。

空管部门应当按照规定将天气状况、流量控制和航班出港延误后放行等信息通告承运人和机场管理机构。

拓展阅读：航班延误乘客意外死亡案

机场管理机构应当按照规定将机位、机坪运行情况等信息通告承运人、地面服务代理人和空管部门。

（7）机场管理机构应当协调驻场各单位，制定大面积航班延误总体应急预案，并定期组织演练。

承运人、地面服务代理人、空管部门及其他服务保障单位应当分别制定大面积航班延误应急预案。驻场各单位应当服从机场管理机构的组织协调，参加演练，落实各项服务保障工作。

（8）旅客应当文明乘机，合法维权，不得违法进入机场控制区，堵塞安检口、登机口，冲闯机坪、滑行道、跑道，拦截、强登、强占航空器，破坏设施设备，或者实施其他扰乱民航运输生产秩序的行为。

（9）出现旅客扰乱民航运输生产秩序的情况，承运人、地面服务代理人、机场管理机构等相关单位应当及时报警。

4. 航班延误的补偿措施

为减少航班延误，维护旅客的利益，我国民航总局于2004年6月发布了《航班延误经济补偿指导意见》。其主要内容如下：

（1）航空公司因自身原因造成航班延误标准分为两个，一个是延误4小时以上、8小时以内；另一个是延误超过8小时以上。这两种情况，航空公司均要对旅客进行经济补偿。

（2）补偿方式可以通过现金、购票折扣和返还里程等方式予以兑现。

（3）在航班延误的情况下，为了不再造成新的延误，经济补偿一般不在机场现场进行，航空公司可以采用登记、信函等方式进行。

（4）机场应该制止旅客在航班延误后，采取"罢乘""霸机"等方式影响后续航班的正常飞行。

> **课堂小提示**
>
> 《航班延误经济补偿指导意见》不对具体补偿制定统一标准，具体的补偿方法和方案由各航空公司在此框架下根据各自的情况制定。补偿将仅限于因航空公司自身原因造成的长时间延误。

四、承运人的赔偿责任限额

1. 国内航空运输承运人的赔偿责任限额

国内航空运输承运人的赔偿责任限额由国务院民用航空主管部门制定，报国务院批准后公布执行。

2006年3月28日起施行《国内航空运输承运人赔偿责任限额规定》规定，对每名旅客的赔偿责任限额为人民币40万元，如旅客自行向保险公司投保航空旅客人身意外保险的，此项保险金额的给付，不免除或者减少承运人应当承担的赔偿责任；对每名旅客随身携带物品的赔偿责任限额为人民币3 000元；对旅客托运的行李和对运输的货物的赔偿责任限额，为每千克人民币100元。

旅客或者托运人在交运托运行李或者货物时，特别声明在目的地点交付时的利益，并在必要时支付附加费的，除承运人证明旅客或者托运人声明的金额高于托运行李或者货物在目的地点交付时的实际利益外，承运人应当在声明金额范围内承担责任。

2. 国际航空运输承运人的赔偿责任限额

国际航空运输承运人的赔偿责任限额按照下列规定执行：

（1）对每名旅客的赔偿责任限额为16 600计算单位；但是，旅客可以同承运人书面约定高于本项规定的赔偿责任限额。

（2）对托运行李或者货物的赔偿责任限额，每公斤为17计算单位。旅客或者托运人在交运托运行李或者货物时，特别声明在目的地点交付时的利益，并在必要时支付附加费的，除承运人证明旅客或者托运人声明的金额高于托运行李或者货物在目的地点交付时的实际利益外，承运人应当在声明金额范围内承担责任。

托运行李或者货物的一部分或者托运行李、货物中的任何物件毁灭、遗失、损坏或者延误的，用以确定承运人赔偿责任限额的质量，仅为该一包件或者数包件的总重量；但是，因托运行李或者货物的一部分或者托运行李、货物中的任何物件的毁灭、遗失、损坏或者延误，影响同一份行李票或者同一份航空货运单所列其他包件的价值的，确定承运人的赔偿责任限额时，此种包件的总质量也应当考虑在内。

（3）对每名旅客随身携带的物品的赔偿责任限额为332计算单位。

> **课堂小提示**
>
> 《民用航空法》第一百三十条规定：任何旨在免除本法规定的承运人责任或者降低本法规定的赔偿责任限额的条款，均属无效；但是，此种条款的无效，不影响整个航空运输合同的效力。

五、损失的诉讼和异议

有关航空运输中发生的损失的诉讼,无论其根据如何,只能依照《民用航空法》规定的条件和赔偿责任限额提出,但是不妨碍谁有权提起诉讼以及他们各自的权利。

经证明,航空运输中的损失是由于承运人或者其受雇人、代理人的故意或者明知可能造成损失而轻率地作为或者不作为造成的,承运人无权援用有关赔偿责任限制的规定;证明承运人的受雇人、代理人有此种作为或者不作为的,还应当证明该受雇人、代理人是在受雇、代理范围内行事。

就航空运输中的损失向承运人的受雇人、代理人提起诉讼时,该受雇人、代理人证明他是在受雇、代理范围内行事的,有权援用有关赔偿责任限制的规定。承运人及其受雇人、代理人的赔偿总额不得超过法定的赔偿责任限额。

旅客或者收货人收受托运行李或者货物而未提出异议,为托运行李或者货物已经完好交付并与运输凭证相符的初步证据。

托运行李或者货物发生损失的,旅客或者收货人应当在发现损失后向承运人提出异议。托运行李发生损失的,至迟应当自收到托运行李之日起七日内提出;货物发生损失的,至迟应当自收到货物之日起十四日内提出。托运行李或者货物发生延误的,至迟应当自托运行李或者货物交付旅客或者收货人处置之日起二十一日内提出。

任何异议均应当在规定的期间内写在运输凭证上或者另以书面提出。除承运人有欺诈行为外,旅客或者收货人未在规定的期间内提出异议的,不能向承运人提出索赔诉讼。航空运输的诉讼时效期间为两年,自民用航空器到达目的地点、应当到达目的地点或者运输终止之日起计算。

由几个航空承运人办理的连续运输,接受旅客、行李或者货物的每一个承运人应当受规定的约束,并就其根据合同办理的运输区段作为运输合同的订约一方。对规定的连续运输,除合同明文约定第一承运人应当对全程运输承担责任外,旅客或者其继承人只能对发生事故或者延误的运输区段的承运人提起诉讼。

托运行李或者货物的毁灭、遗失、损坏或者延误,旅客或者托运人有权对第一承运人提起诉讼,旅客或者收货人有权对最后承运人提起诉讼,旅客、托运人和收货人均可以对发生毁灭、遗失、损坏或者延误的运输区段的承运人提起诉讼。上述承运人应当对旅客、托运人或者收货人承担连带责任。

模块五　公共航空运输管理法律制度

案例

乘客因航班延误集体起诉航空公司案

1998年6月12日，数名乘坐某航空公司的7604次航班从大连经天津到太原，在始发站由于天气原因飞机延误8小时18分起飞，乘客在大连机场等候时，航空公司地面代理人大连机场按规定向乘客提供了服务。该航班从大连到达天津，准备从天津再次起飞时，因飞机发生机械故障改在6月13日上午10时起飞。当晚，该航空公司对机械故障进行分析研究后，及时调动机务人员从太原赶往天津抢修飞机，并按规定为乘客免费安排了食宿。6月13日上午飞机故障没有排除，15时左右，乘客提出退票，航空公司的地面服务代理人以到出票地退票为由拒绝了这一要求。后经交涉，天津机场为乘客李某某、何某某及由天津始发的5位乘客办理了退票手续，其他乘客未予办理。17时30分，该航空公司通知其他乘客飞机故障排除，请乘客登机，乘客拒绝。经天津机场负责人出面做工作，乘客于19时45分登机，飞机于21时10分到达太原。乘客到达太原机场后，将联名签署的抗议书提交机场值班人员。1998年6月18日，该航空公司针对乘客的投诉，向民用航空局做了汇报，并将此报告及书面的情况说明和致歉信交给乘客代表米某某，对乘客所投诉的问题进行了说明并表示歉意。对此，乘客并不满意，向太原市中级人民法院提起诉讼。

在案件审理过程中，乘客的诉讼代理人坚持将《消费者权益保护法》作为本案的适用法，要求赔偿他们通信、交通、饮食、医疗、携带物品、耽误工作、精神损害等"综合损失"，并在庭审结束后单独向法院审判委员会致函，提出按照《消费者权益保护法》第四十九条的规定双倍赔偿机票款。航空公司则指出，《民用航空法》是调整民用航空活动包括航空运输合同关系的基本法律，应该按照该法规定的条件和赔偿责任限额提出。7604次航班旅客集体起诉航空公司服务质量纠纷案，经太原市中级人民法院做出一审判决：原告起诉要求每人赔偿400元，判决每人200元，诉讼费各负担一半。

知识链接

受雇人和代理人的有关规定

在航空运输中,无论是实际承运人或缔约承运人的代理人、受雇人,在代理权限范围内的行为都应当视为是实际承运人或缔约承运人的行为。如果按照代理或雇佣关系的一般规则,他们作为被诉主体是不适合的;但法律为了保护旅客和托运人的合法权益,在航空法中没有禁止实际承运人或缔约承运人的代理人、受雇人在代理权限范围内的行为,他们也可以成为被诉的对象。实际承运人或缔约承运人的代理人、受雇人的抗辩权利等同于实际承运人或缔约承运人的。虽然他们有权援用法律规定的适用于雇佣他们的或者被代理的承运人的条件和责任限额,但是经证明其行为不能援用责任限额的除外。

案例

行李赔偿标准低,消费者损失难得偿

旅客乘坐2月26日某航空公司海南至上海的航班,托运行李遗失,消费者旅行用品及购买旅游纪念品价值8 000元,但是航空公司只同意按照每千克100元的标准,补偿旅客1 700元。

根据《民用航空法》第一百二十五条规定:因发生在航空运输期间的事件,造成旅客的托运行李毁灭、遗失或者损坏的,承运人应当承担责任。同时承运人应按照《国内航空运输承运人赔偿责任限额规定》中第三条第三款"对旅客托运的行李和对运输的货物的赔偿责任限额,为每千克人民币100元"的规定,向旅客作出赔偿。该案中,旅客所托运的行李为17千克,托运时未向承运人申请声明价值的赔偿,因此承运人按照托运行李共赔偿1 700元,符合规定。

模块小结

本模块讲述的是公共航空运输管理法律制度知识。公共航空运输是指公共航空运输企业使用民用航空器经营的旅客、行李或者货物的运输。航空运输合同属于双务合同,航空运输合同当事人间互享权利、互负义务,其权利义务是对等的。航空运输合同的成立以旅客或托运人支付票款或运输费用、承运人向旅客或托运人提供航空运输凭证为条件。运输凭证就是航空运输合同订立和运输合同条件的初步证据,而不是航空运输合同本身。承运人责任就是承运人基于航空运输合同而对空运服务相对人所担负的侵权损害赔偿责任。

课后练习

【单选题】

1. 旅客运输责任期间对事故责任的认定具有重要意义,(　　)不属于航空旅客运输责任期间。

　　A. 去机场途中　　　　　　B. 上航空器过程中
　　C. 下航空器过程中　　　　D. 在航空器上

2. 在航空运输合同中,双方当事人都互负义务,承运人须将旅客或货物安全及时地从一地运到另一地,旅客或托运人须支付运费和有关费用,因此,航空货运合同是(　　)。

　　A. 双务合同　　B. 诺成合同　　C. 格式合同　　D. 有名合同

3. 根据民航法规定,承运人对旅客托运的行李和运输的货物的赔偿责任限额,为每千克人民币(　　)元。

　　A.100　　　　B.200　　　　C.300　　　　D. 400

【多选题】

1. 国际公约和国内民用航空法都规定了航空运输承运人的免责事由,下列属于免责事由的是(　　)。

　　A. 不可抗力　　　　　　　B. 损害由旅客自己故意造成
　　C. 损害完全由第三人造成　D. 发生台风

2. 下列不属于航空公司的原因所导致的航班延误的有(　　)。

　　A. 天气原因　　　　　　　B. 机械故障
　　C. 运力调配　　　　　　　D. 流量控制

课后练习

【思考题】
1. 什么是公共航空运输？它有哪些特点？
2. 公共航空运输合同有哪些要素组成？
3. 承运人的责任有哪些内容？

1. 某旅游团一行14人，每人托运1件行李，共计14件，重约180千克。在到机场提取行李时只有13件，团队人员几经查找未找到。当时在机场派出所报案，后找到机场行李查询部门。机场工作人员回答"七天之内如查询行李没有下落再按行李丢失赔偿"。旅客拿着行李丢失单回家等候，七天过去行李查找仍无音信。按行李丢失赔偿标准赔偿，旅客认为不合理，因为丢失的行李箱本身价值就超过赔偿数额（因为行李箱是高端品牌），箱内还有物品呢？另外，旅客认为机场工作本身存在漏洞，为什么旅客提取行李后在机场时没有任何人来核对行李提取单（目前旅客手中仍持有14人的行李提取单）。

思考：根据法律的相关规定，机场工作人员的工作是否有失误？为什么？航空公司该承担怎样的责任？

2. 杨女士带父母和4岁孩子加入旅游团到海南旅游，乘坐17：00的航班。由于飞机晚40分钟起飞，孩子小，起飞不久孩子睡着了。用餐时大人轮流用餐照顾孩子。吃过饭后，杨女士的母亲口渴，杨女士向乘务员要杯冷水，乘务员回答没有冷水，经杨女士同意后就递给了杨女士一杯热茶。杨女士的座位靠近走廊，她将茶水递给母亲时热茶洒在孩子的脚上，杨女士急忙抱着孩子找乘务员，发现孩子的脚已被烫伤。乘务员帮忙上了药，并告诉杨女士到机场后去候机楼医务室。飞机在机场落地后杨女士带着父母到哪去找医务室呢？孩子又哭个不停，只好随团离开机场。深夜到了饭店安排好住宿后，杨女士带孩子去了医院，对伤口进行处理，打了针。5天的旅游观光行程中杨女士及父母的心情无法形容。

思考：航空公司在此事件中的做法是否正确？为什么？

课后实训

模拟法庭

1. 实训目标

通过处理航空旅客人身或财产损害纠纷方面的案件了解庭审程序和步骤，学会在法庭上如何陈述案由及辩护，明确航空公司在客运或货运中承担的责任的同时，学会保护自己，进一步掌握民用航空运输合同中当事人的权利和义务。

2. 实训准备

角色扮演。每组 10 人左右，组成法官、原告、被告、公诉人、辩护人等角色，模拟庭审现场，教师及其他各组同学充当观众。

3. 实训资料

由教师提供每组分析案例。

4. 实训过程

（1）原告方提出诉讼理由。

（2）被告方提出辩护意见。

（3）双方争议。

（4）法官根据法律规定做出判决。

5. 考核办法

根据以上资料设计模拟法庭并表演。教师依照学生表现情况分别打分。

模块六
航空事故救援和事故调查

1. 掌握民用航空器事故征候的含义及等级；
2. 熟悉民用航空器搜寻援救的准备与实施；
3. 熟悉民用航空事故家属援助；
4. 理解和掌握民用航空器事故调查的原则和程序。

1. 能够熟悉民用航空器搜寻援救的准备与实施工作；
2. 能够按照正确的程序对民用航空器事故进行初步的调查。

1. 培养学生树立法律意识、服务意识，诚实守信的品质，以人为本、和谐相处的人文情怀；
2. 培养学生的沟通能力、团队合作能力和抗压能力，引导学生互助、包容、友善。

模块六 航空事故救援和事故调查

2008年4月30日厦航MF8052航班B737-700/2992号机在大连机场因误入"E"滑行道及误入跑道，与正在起飞的南航大连分公司CZ6621航班A319/2296号机发生冲突，幸亏南航CZ6621航班机组中断起飞，处置果断、及时，避免了地面相撞事故的发生。停止时，两机前轮直线距离大约35米，纵向垂直距离只有16米，当时两架飞机共有旅客和机组人员194人。

统计数据表明，这是一起性质极其严重的飞行事故征候，是一起低级错误导致的涉险事故。事后，民航大连空管站未及时按规定向上级主管部门报告信息，未经上级有关部门同意擅自放行飞机起飞。厦航机组私自抹掉驾驶舱话音记录器的内容，严重妨碍事故征候的调查。

案例思考：事故相关单位和人员违反了哪些法律规定？

单元一　民用航空器事故征候

民用航空器事故征候是指在航空器运行阶段或在机场活动区内发生的与航空器有关的、未构成事故但影响或可能影响安全的事件，分为运输航空严重事故征候、运输航空一般事故征候、运输航空地面事故征候和通用航空事故征候。

（1）运输航空严重事故征候是按照《大型飞机公共航空运输承运人运行合格审定规则》执行定期或非定期飞行任务的飞机，在运行阶段发生的具有很高事故发生可能性的事故征候。

（2）运输航空一般事故征候是按照《大型飞机公共航空运输承运人运行合格审定规则》执行定期或非定期飞行任务的飞机，在运行阶段发生的未构成运输航空严重事故征候的事故征候。

（3）运输航空地面事故征候是按照《大型飞机公共航空运输承运人运行合格审定规则》运行规范中所列的飞机，在机场活动区内，处于非运行阶段时发生的导致飞机受损的事件。

（4）通用航空事故征候是按照《一般运行和飞行规则》《小型航空器商业运输运营人运行合格审定规则》执行飞行活动的航空器，在运行阶段发生的事故征候。

一、运输航空严重事故征候

（1）为避免航空器相撞或其他不安全情况，应做出规避动作的危险接近。在程序管制区域，垂直间隔和水平间隔同时小于 1/5 规定间隔；在雷达管制区域，垂直间隔和水平间隔同时小于规定间隔，且危险指数大于 90（含）的飞行冲突。

（2）飞行中，未被定性为事故的相撞。

（3）A 类跑道侵入。

（4）几近发生的可控飞行撞地，危险指数大于 90（含）的。

（5）在滑行道，或未指定、关闭、占用的跑道上中断起飞。

（6）在滑行道，或未指定、关闭、占用的跑道上起飞。

（7）在滑行道，或未指定、关闭、占用的跑道上着陆或尝试着陆。

（8）在起飞或初始爬升过程中明显未达到预定性能。

（9）飞行中，驾驶舱（内）、客舱（内）和货舱（内）起火或冒烟，或发动机起火，即使这些火被扑灭。同时满足下列条件的情况除外：

1）机上人员携带上机的电子设备的锂电池冒烟且未发现明火，如充电宝、移动通信设备、平板电脑、摄录设备等；

2）机组成员及时发现并妥善处置，且不需要采取如返航、备降等进一步措施；

3）未造成航空器受损和/或人员轻伤。

（10）飞行中，座舱高度达到客舱氧气面罩自动脱落的情况，或出现烟雾/毒气等需要飞行机组成员使用氧气的情况。

（11）未被列为事故的航空器结构受损或发动机解体，包括非包容性涡轮发动机失效。

（12）飞行中，严重影响航空器运行的一个或多个系统出现的多重故障。

（13）飞行中，飞行机组成员丧失工作能力，符合下列情形之一的：

1）导致飞行机组成员数量或资质不满足该机型的最低配置；

2）在飞行关键阶段，飞行机组成员在飞行操作岗位丧失工作能力。

（14）燃油量或燃油分布需要飞行员宣布紧急状态的情况。

（15）起飞或着陆中，冲出、偏出跑道或跑道外接地。

（16）造成航空器操纵困难的系统故障、天气现象、飞行超出批准的飞行包线或其他情况。

（17）飞行中，必需的飞行引导与导航冗余系统中一个以上的系统失效。

（18）未被列为事故的起落架收回着陆。

（19）飞行中，机轮之外的航空器其他部位擦地，不包括以下情况：

1）未造成航空器受损的机尾（不含尾橇）擦地；

2）仅擦尾橇且未造成除尾橇外的航空器其他部位受损。

（20）类似上述条款的其他事件。

二、运输航空一般事故征候

（1）为避免航空器相撞或其他不安全情况，应做出规避动作的危险接近。在程序管制区域，垂直间隔和水平间隔同时小于 1/3 但未同时小于 1/5 规定间隔；在雷达管制区域，垂直间隔和水平间隔同时小于规定间隔，且危险指数介于 75（含）至 90。尾流间隔小于 1/2 规定间隔。

（2）B 类跑道侵入。

（3）有发生可控飞行撞地风险，危险指数介于 75（含）至 90 的。

（4）平行跑道同时仪表运行时，航空器进入非侵入区（NTZ），导致其他航空器避让。

（5）平行跑道同时仪表运行时，机组没有正确执行离场或者复飞程序导致其他航空器避让，或者管制员错误的离场或复飞指令导致其他航空器避让。

（6）在滑行道，或未指定、关闭、占用的跑道上，仪表进近时从机场标高300米至决断高度（高）或最低下降高度（高）复飞，目视进近时从机场标高150米至机场标高60米复飞。

（7）航空器未在规定起飞构型而继续起飞。

（8）未取下操纵面夹板、挂钩、空速管套、静压孔塞或尾撑杆等而起飞。

（9）航空器携带外来物飞行，造成航空器受损或操纵困难。

（10）航空器着陆前起落架未放到位，高度下降到机场标高100米以下。

（11）飞行中航空器超过该机型的使用最大过载，且造成航空器受损。

（12）飞行中出现失速警告持续3秒（含）以上（假信号除外）。

（13）飞行中出现任意一台发动机停车或需要停车的情况。

（14）区域范围内陆空通信双向联系中断15分钟（含）以上，且造成调整其他航空器避让等后果。进近或者塔台范围内陆空通信双向联系中断3分钟（含）以上或造成调整其他航空器避让等后果。

（15）误入禁区、危险区、限制区、炮射区或误出、入国境。

（16）迷航。

（17）机组没有正确执行管制指令，或管制员发出错误指令，导致航空器偏离指定航线（迹）或航路中心线超过25千米。

（18）飞偏或飞错进离场航线并造成其他航空器避让。

（19）航空器部件缺失、蒙皮揭起或张线断裂，且造成航空器受损。

（20）轮胎爆破或脱层，造成航空器其他部位受损或航空器操纵困难。

（21）飞行中遭雷击、电击、鸟击、冰击、雹击或其他外来物撞击，造成航空器受损。

（22）在飞行中以外的运行阶段，航空器与航空器、车辆或其他物体相撞，造成航空器受损或人员轻伤。

（23）由于货舱的货物、邮件、行李、集装器等的装载与固定等原因，导致航空器受损，或飞行中超出重心限制，或航空器操纵困难。

（24）航空器载重平衡计算或输入与实际不符，造成飞行中超出重心限制或航空器操纵困难。

（25）危险品破损、溢出、渗漏或包装未能保持完整等情况，造成航空器受损或人员轻伤。

（26）飞行时间内，餐车、储物柜等客舱内设施设备滑出或跌落，造成航空器受损或人员轻伤。

（27）飞行中遇有颠簸或其他原因造成人员轻伤。

（28）航空器超过最大允许起飞重量起飞。航空器超过最大允许着陆重量着陆并造成航空器受损。

（29）在起飞、着陆或复飞过程中，在跑道上擦机尾，未造成航空器受损，或仅需维修/更换尾橇。

（30）除飞行中以外的运行阶段，航空器（内）或发动机起火或冒烟，即使这些火被扑灭。同时满足下列条件的情况除外：

1）机上人员携带上机的电子设备的锂电池冒烟且未发现明火，如充电宝、移动通信设备、平板电脑、摄录设备等；

2）未造成航空器受损和/或人员轻伤。

（31）飞行中，除上述"一、（10）"外，座舱高度达到该运行阶段应当触发座舱高度警告的条件，且需要飞行机组成员使用氧气的情况。

（32）飞行中，除上述"一、（13）"外，飞行机组成员丧失工作能力，符合下列情形之一的：

1）导致其他飞行机组成员的飞行时间超过《大型飞机公共航空运输承运人运行合格审定规则》规定的时限；

2）飞行关键阶段以外在飞行操作岗位丧失工作能力。

（33）类似上述条款的其他事件。

三、运输航空地面事故征候

（1）航空器与航空器、车辆、设备、设施刮碰造成航空器受损。

（2）航空器未依靠自身动力移动，造成自身或其他航空器受损。

（3）外来物造成航空器受损（轮胎扎伤除外）。

（4）加油设备、设施起火、爆炸造成航空器受损。

（5）在加油、抽油过程中造成航空器受损或因航油溢出起火、爆炸造成航空器受损。

（6）车辆、设备、设施起火、爆炸造成航空器受损。

（7）载运的物品起火、爆炸、外泄造成航空器受损。

（8）工作人员在值勤和服务过程中造成航空器受损。

（9）在装卸货物、行李、邮件和食品过程中造成航空器受损。

（10）类似上述条款的其他事件。

四、通用航空事故征候

（1）在滑行道，或未指定、关闭、占用的跑道上起飞或着陆（经批准的直升机运行除外）。

（2）冲出、偏出跑道或跑道外接地，导致航空器受损或人员轻伤。

（3）落错机场、跑道（临时起降点除外）。

（4）起落架未放到位着陆，造成航空器受损或人员轻伤。

（5）迫降。

（6）迷航。

（7）飞行中挂碰障碍物，造成航空器受损（仅滑棍、尾橇损坏除外）或人员轻伤。

（8）飞行中，单驾驶员或多人制机组中机长在飞行操作岗位丧失工作能力。

（9）飞行中遇颠簸导致航空器受损或人员轻伤。

（10）飞行时间内，航空器（内）或发动机起火，导致航空器受损或人员轻伤。

（11）飞行中未经批准进入禁区、危险区、限制区、炮射区或误出国境。

（12）飞行中航空器操纵面、发动机整流罩、外部舱门或风挡玻璃脱落，蒙皮揭起或张线断裂，造成航空器操纵困难。

（13）飞行中航空器的任一主操纵系统完全失效。

（14）飞行中进入急盘旋下降、飘摆、失速状态（特定训练科目除外）。

（15）飞行中发动机停车（特定训练科目除外）。

（16）飞行中失去全部电源。

（17）因天气现象或系统故障等原因不能保持安全高度。

（18）未取下航空器操纵面夹板、挂钩、空速管套、静压孔塞或尾撑杆等而起飞，并造成航空器操纵困难。

（19）按目视飞行规则飞行的航空器长时间进入仪表气象条件。

（20）带外载荷飞行，由于操纵不当等原因导致航空器受损或人员轻伤。

（21）直升机飞行中发生旋翼颤振，造成航空器操纵困难。

（22）直升机在高度300米以下进入涡环状态。

（23）陆空通信双向联系中断大于30分钟（含），并造成调整其他航空器避让等后果（特殊要求除外）。

（24）无意或者作为应急措施有意释放吊挂负载或航空器外部搭载的任何其他负载。

（25）在起飞或初始爬升过程中明显未达到预定性能。

（26）类似上述条款的其他事件。

拓展阅读："5·7"大连空难

拓展阅读：台湾客机坠河事故

单元二 民用航空器搜寻援救

一、民用航空器搜寻援救的含义

民用航空器搜寻援救,是指航空器发生飞行失事或事故时,担负搜寻援救民用航空器任务的组织,为了及时有效地避免或者减少遇到紧急情况的民用航空器所造成的人员伤亡和财产损失,依照国家法律规定,对遇到紧急情况的民用航空器及时进行寻找援助的一系列活动的总称。

《芝加哥公约》附件12《搜寻与救援》对搜救组织与设备、国家间合作、搜救准备与工作程序、搜救信号等作了规定。1992年中华人民共和国国务院批准由中国民航总局发布并实施《中华人民共和国搜寻援救民用航空器规定》。该规定适用于中华人民共和国领域内,以及中华人民共和国缔结或者参加的国际条约规定由中国承担搜寻援救工作的公海区域内搜寻援救民用航空器的活动。

二、民用航空器搜寻援救的区域及对象

根据1944年《芝加哥公约》及其附件、国内相关法律规定,搜寻援救区域包括陆上搜救区域和海上搜救区域。搜寻援救的对象是在搜寻援救区域发生紧急情况的航空器。民用航空器的紧急情况分为情况不明、告警、遇险3个阶段,对处于不同阶段的航空器有不同的搜寻援救方法。

1. 情况不明阶段

情况不明阶段是指民用航空器的安全出现下列令人疑虑的情况:

(1) 空中交通管制部门在规定的时间内同民用航空器没有取得联络。

(2) 民用航空器在规定的时间内没有降落,并且没有其他信息。

2. 告警阶段

告警阶段是指民用航空器的安全出现下列令人担忧的情况:

(1) 对情况不明阶段的民用航空器,仍然不能同其沟通联络。

(2) 民用航空器的飞行能力受到损害,但是尚未达到迫降的程度。

(3) 与已经允许降落的民用航空器失去通信联络,并且该民用航空器在预计降落时间后5分钟内没有降落。

3. 遇险阶段

遇险阶段是指确信民用航空器遇到下列紧急和严重危险,需要立即进行援救的情况:

（1）根据油量计算，告警阶段的民用航空器难以继续飞行。

（2）民用航空器的飞行能力受到严重损害，达到迫降的程度。

（3）民用航空器已经迫降或者坠毁。

三、民用航空器搜寻援救的组织机构

《芝加哥公约》附件12规定，缔约国须在每一搜寻与援救区中设立一个援救协调中心。同时，为了提高搜寻与援救工作效率，还建议任何时候只要能改变搜寻与援救服务的效率，缔约国应设立援救分中心。在公共电信设备不能使看到处于紧急情况的航空器的人员直接地、迅速地通知有关援救协调中心的地方，缔约国应指定适当的公共单位或私人单位充当告警站。援救协调中心是负责促进有效地组织搜寻援救服务，并在某一搜寻援救区内协调搜寻援救工作的组织。援救分中心是为了在某个搜寻援救区的某一划定的地段内，进一步提高援救协调中心的工作效率而设置的隶属于援救协调中心的一种机构。告警站是接受公众反映航空器处于紧急状态情报的机构。

根据《中华人民共和国搜寻援救民用航空器规定》的规定，中华人民共和国领域内以及中华人民共和国缔结或者参加的国际条约规定由中国承担搜寻工作的公海区域内搜寻援救民用航空器的活动，由中国民航局负责统一指导；省、自治区、直辖市人民政府负责本行政区域内陆地搜寻援救民用航空器的工作，民航地区管理局予以协助；国家海上搜寻援救组织负责海上搜寻救援民用航空器工作，有关部门予以配合。民航局搜寻援救协调中心和地区管理局搜寻援救协调中心承担陆上搜寻援救民用航空器的协调工作。

根据国务院批准颁发的搜寻援救规定，由民航总局对中国承担的民用航空搜寻援救区域具体划分了搜救责任区，相应单位制定了搜救程序、实施方案和紧急措施，配备了搜救设备，定期组织搜救演练，使航空搜寻与援救工作符合国际民航组织要求。

为了确保飞行安全，消除安全隐患，对尚未构成飞行事故的其他飞行不安全事件也应依法报告、调查、作出结论，以便吸取教训，防止事故发生。

四、民用航空器搜寻援救的准备

《中华人民共和国搜寻援救民用航空器规定》对民用航空器搜寻援救的准备工作作了如下规定。

1. 拟定搜寻援救民用航空器方案

各地区管理局应当拟定在陆上使用航空器搜寻援救民用航空器的方案，经民航局批准后，报有关省、自治区、直辖市人民政府备案。沿海省、自治区、直辖市海上搜寻援救组织，应当拟定在海上使用船舶、航空器搜寻援救民用航空器的方案，经国家海上搜寻援救组织批准后，报省、自治区、直辖市人民政府和民航局备案，同时抄送有关地区管理局。

搜寻援救民用航空器方案应当包括下列内容：

（1）使用航空器、船舶执行搜寻援救任务的单位，航空器、船舶的类型，以及日常准备工作的规定；

（2）航空器使用的机场和船舶使用的港口，担任搜寻援救的区域和有关保障工作方面的规定；

（3）执行海上搜寻援救任务的船舶、航空器协同配合方面的规定；

（4）民用航空搜寻援救力量不足的，商请当地驻军派出航空器、舰艇支援的规定。

地区管理局和沿海省、自治区、直辖市海上搜寻援救组织应当按照批准的方案定期组织演习。

2. 搜寻援救民用航空器的通信联络

搜寻援救民用航空器的通信联络，应当符合下列规定：

（1）民用航空空中交通管制单位和担任搜寻援救任务的航空器，应当配备121.5兆赫航空紧急频率的通信设备，并逐步配备243兆赫航空紧急频率的通信设备；

（2）担任海上搜寻援救任务的航空器，应当配备2 182千赫海上遇险频率的通信设备；

（3）担任搜寻援救任务的部分航空器，应当配备能够向遇险民用航空器所发出的航空器紧急示位信标归航设备，以及在156.8兆赫（调频）频率上同搜寻援救船舶联络的通信设备。

地区管理局搜寻援救协调中心应当同有关省、自治区、直辖市海上搜寻援救组织建立直接的通信联络。

3. 救生物品准备

向遇险待救人员空投救生物品，由执行搜寻援救任务的单位按照下列规定负责准备：

（1）药物和急救物品为红色；

（2）食品和水为蓝色；

（3）防护服装和毯子为黄色；

（4）其他物品为黑色；

（5）一个容器或者包装内，装有上述多种物品时为混合色。

每一个容器或者包装内,应当装有用汉语、英语和另选一种语言的救生物品使用说明。

五、民用航空器搜寻援救的实施

根据《中华人民共和国搜寻援救民用航空器规定》,在我国搜寻援救区域内,发现或者收听到民用航空器遇到紧急情况的单位或者个人,应当立即通知有关地区管理局搜寻援救协调中心;发现失事的民用航空器,其位置在陆地的,并应当同时通知当地政府;其位置在海上的,并应当同时通知当地海上搜寻援救组织。地区管理局搜寻援救协调中心收到民用航空器紧急情况的信息后,必须立即做出判断,分别按照规定采取搜寻援救措施,并及时向民航局搜寻援救协调中心以及有关单位报告或者通报。

在我国搜寻援救区域内实施民用航空器搜寻援救应根据民用航空器所处的不同阶段采取不同的措施。

(1)对情况不明阶段的民用航空器,地区管理局搜寻援救协调中心应当采取以下措施:

1)根据具体情况,确定搜寻的区域;

2)通知开放有关的航空电台、导航台、定向台和雷达等设施,搜寻掌握该民用航空器的空中位置;

3)迅速同该民用航空器沟通联络,进行有针对性的处置。

(2)对告警阶段的民用航空器,地区管理局搜寻援救协调中心应当采取以下措施:

1)立即向有关单位发出告警通知;

2)要求担任搜寻援救任务的航空器、船舶立即进入待命执行任务状态;

3)督促检查各种电子设施,对情况不明的民用航空器继续进行联络和搜寻;

4)根据该民用航空器飞行能力受损情况和机长的意见,组织引导其在就近机场降落;

5)会同接受降落的机场,迅速查明预计降落时间后五分钟内还没有降落的民用航空器的情况并进行处理。

(3)对遇险阶段的民用航空器,地区管理局搜寻援救协调中心应当采取以下措施:

1)立即向有关单位发出民用航空器遇险的通知;

2)对燃油已尽,位置仍然不明的民用航空器,分析其可能遇险的区域,并通知搜寻援救单位派人或者派航空器、船舶,立即进行搜寻援救;

3)对飞行能力受到严重损害、达到迫降程度的民用航空器,通知搜寻援救单位派航空器进行护航,或者根据预定迫降地点,派人或者派航空器、船舶前往援救;

4)对已经迫降或者失事的民用航空器,其位置在陆地的,立即报告省、自治区、直辖市人民政府；其位置在海上的，立即通报沿海有关省、自治区、直辖市的海上搜寻援救组织。

省、自治区、直辖市人民政府或者沿海省、自治区、直辖市海上搜寻援救组织收到关于民用航空器迫降、失事的报告或者通报后，应当立即组织有关方面和当地驻军进行搜寻援救，并指派现场负责人。现场负责人的主要职责：组织抢救幸存人员；对民用航空器采取防火、灭火措施；保护好民用航空器失事现场；为抢救人员或者灭火必须变动现场时，应当进行拍照或者录像；保护好失事的民用航空器及机上人员的财物。

指派的现场负责人未到达现场的，由第一个到达现场的援救单位的有关人员担任现场临时负责人，行使规定的职责，并负责向到达后的现场负责人移交工作。

对处于紧急情况下的民用航空器，地区管理局搜寻援救协调中心应当设法将已经采取的援救措施通报该民用航空器机组。执行搜寻援救任务的航空器与船舶、遇险待救人员、搜寻援救工作组之间，应当使用无线电进行联络。条件不具备或者无线电联络失效的，应当依照规定的国际通用的搜寻援救的信号进行联络。

民用航空器的紧急情况已经不存在或者可以结束搜寻援救工作的，地区管理局搜寻援救协调中心应当按照规定程序及时向有关单位发出解除紧急情况的通知。

知识链接

搜寻援救的信号

1. 航空器与船舶之间使用的信号

（1）航空器依次做下列动作，表示希望引导一艘船舶去援救遇险的航空器或者船舶：

1）环绕船舶飞行至少一周；

2）在低空紧靠船舶前方横穿其航向，并且摇摆机翼，或者按照最大、最小推拉油门手柄，螺旋桨飞机还可以推拉螺旋桨变距杆，以便进一步引起该船舶注意；

3）向引导该船舶驶往的航向飞行。

重复上述运作意义相同。

（2）航空器做下列动作，表示取消已经发出的引导船舶执行援救任务的信号：

在低空紧靠船舶尾部横穿其尾流，并且摇摆机翼，或者按照最大、最小推拉油门手柄，螺旋桨飞机还可以推拉螺旋桨变距杆。

(3) 船舶可以用下列方法，确认收到航空器发生的信号：

1) 悬挂信号旗（红白竖条）并升至顶（表示明白）；

2) 用信号灯发出一系列莫尔斯电码"T"的闪光；

3) 改变航向跟随该航空器。

(4) 船舶可以用下列方法，表示不能执行收到的航空器发出的信号：

1) 悬挂国际信号旗"N"（交错的蓝白方格）；

2) 用信号灯发出一系列莫尔斯电码"N"的闪光。

2. 遇险待救人员、搜寻援救工作组与航空器之间使用的信号

(1) 遇险待救人员使用的地对空信号。具体符号、代码见《芝加哥公约》附件12的规定。

(2) 搜寻援救工作组使用的地对空信号。具体符号、代码见《芝加哥公约》附件12的规定。

(3) 航空器使用的空对地信号：

1) 航空器表示明白地面信号：

昼间：摇摆机翼。

夜间：开关着陆灯两次。如果无着陆灯设备，则开关航行灯两次。

2) 航空器没有上述1)中的动作和信号，则表示未观察到或者不明白地面信号。

案例

广州白云机场举行航空器突发事件应急救援联合演练

警灯闪烁、笛声长鸣，消防车、急救车、警车等各种保障车辆全部出动，2017年11月8日，广州白云机场联合南方航空及相关驻场单位在二号航站楼站坪268机位举行了一次规模盛大的航空器突发事件应急救援联合演练。

这是白云机场近年来规模最大、层次最高、参演单位最多、影响最广的实景推进联合演练，涵盖航空器空中故障应急救援及后续处置的所有科目。中南空管局、广东应急办、民航广东监管局、广州市人大和政协、机场公安局和广州120医疗指挥中心等20多个单位参加了演练和观摩。

模块六 航空事故救援和事故调查

"报告值班领导，YL1001航班机型空客320，飞机右发出现喘振，机组请求返航。""请各保障单位，立即启动Ⅲ级应急响应。"8日上午9时30分，联合应急演练正式开始，接到机组报告航空器空中出现故障后，白云机场立即启动Ⅲ级应急响应，并第一时间通知消防、急救、公安、飞管部等集结待命。

各应急救援部门接到应急救援指令后，以最快速度赶赴指定地点。很快，机组继续通报飞机返航过程中驾驶舱内出现右发火警警报，客舱被疑似发动机叶片的物体击穿，造成多名旅客受伤。白云机场立即升级为Ⅱ级应急响应，消防、急救、公安、飞管部马上增派救援力量，南航、安检、地勤等其他保障单位也立即赶赴集结现场。

机场急救中心（民航广州医院）医护人员赶赴现场，并视情况向广州市120发出增援申请。120指挥中心就近派出医护人员到现场参与救援。紧接着，运控中心监控到YL1001航班在降落过程中，飞机右侧的发动机有浓烟冒出，空中出现明火，立即升级为机场Ⅰ级应急响应，并要求广州市120马上增派救护力量，暂停受影响飞行区的使用。

航班平稳落地后，航空公司机组人员组织旅客第一时间快速撤离；消防员迅速打出水炮灭火；医疗救护人员及时对受伤旅客进行治疗、护送；其余人员积极做好旅客疏散和安抚工作。各单位紧密配合，按照预案和职责有条不紊地组织实施救援工作。AOC运控大厅内，各席位分工明确、各司其职。经过近70分钟的努力，故障航空器安全落地，受伤人员、残损设备都得到有效处置，受影响飞行区也恢复正常运行……

白云机场相关负责人表示，此次演练加强了白云机场综合应急保障能力，有效提高了民航各单位对突发事件的综合协同处置能力，检验了各单位人员的应急处置培训效果，进一步完善了预案，提高了预案的可操作性，有力提升了白云机场应急救援综合保障水平。演练达到了预期目的，为二号航站楼如期运营奠定了基础。

单元三　民用航空事故家属援助

一、民用航空事故家属援助立法概述

近年来，随着航空运输量的增加，特别是大型和超大型航空器在公共航空运输中

的应用，使发生重大及其以上民用航空器飞行事故的概率呈现上升的趋势。如何预防民用航空器飞行事故以及事故发生后如何减少负面影响，协调航空运输企业给予罹难者、幸存者、失踪者及其家属必要的帮助，恢复公众对民用航空运输业的信心，具有十分重要的意义。

国际民航组织在 1998 年 10 月召开的第 32 届大会上审议了关于援助航空器事故遇难者及其家属的议题，并通过了第 A32-7 号决议，呼吁各缔约国重申它们支援民用航空事故遇难者及其家属的承诺，敦促有关国家制定家属援助计划。2001 年，国际民航组织发布了《航空器事故遇难者及其家属援助指南》（国际民航组织通告 285-AN/166），作为提供给各缔约国制定此类规定的参考文件。

为提高对民用航空器飞行事故的应急反应能力，减轻事故危害，为事故罹难者、幸存者、失踪者及其家属提供必要的援助，根据《民用航空法》《中华人民共和国安全生产法》（以下简称《安全生产法》）和国务院有关规定，我国于 2005 年 10 月公布了《民用航空器飞行事故应急反应和家属援助规定》，并于 2006 年 1 月 1 日施行。该规定适用于发生在中华人民共和国领域内（不含香港特别行政区、澳门特别行政区和台湾地区）依照 CCAR-121 部和 CCAR-135 部进行商业运行的航空器发生的、依法由国务院民用航空主管部门组织调查的重大事故、国务院授权组织调查的特别重大民用航空器飞行事故。

二、民用航空事故家属援助组织机构

事故处理协调小组，是指根据《国家处置民用航空器飞行事故应急预案》，由国家处置飞行事故指挥部指定的，负责在发生民用航空器飞行事故的公共航空运输企业和罹难者、幸存者、失踪者及其家属以及其他政府部门与机构之间协调、联络，以便向罹难者、幸存者、失踪者及其家属提供援助的组织机构。

罹难者是指由于民用航空器飞行事故直接导致死亡的人员，包括机组人员、持有运输凭证的旅客、免费旅客以及第三人。幸存者是指在民用航空器飞行事故中，没有因为事故受到致命伤害或者受到致命伤害经抢救而存活的人员。失踪者是指由于民用航空器飞行事故直接导致失踪的人员。家属是指与民用航空器飞行事故罹难者、幸存者、失踪者有下列关系的人员：配偶、子女、父母；兄弟姐妹、祖父母、外祖父母。

三、民用航空事故家属援助原则

民用航空事故家属援助工作应当遵循及时、便利、以人为本的基本原则，为罹难者、幸存者、失踪者及其家属提供物质和精神的帮助。

四、公共航空运输企业的家属援助

公共航空运输企业在本企业发生民用航空器飞行事故后,应当对涉及事故的罹难者、幸存者、失踪者及其家属提供物质和精神的援助。

1. 家属援助计划

公共航空运输企业应当向民航总局提交家属援助计划,该计划应当至少包含下列内容:

(1)确保民用航空器飞行事故发生后能够迅速开通的电话号码,并提交经过训练有能力处理来自旅客家属电话的人员名单;

(2)及时通知旅客家属的程序;

(3)及时向主管部门提供、并更新机上人员信息的渠道;

(4)及时与旅客家属协商处理罹难者遗体、个人财物等事宜;

(5)保证对其职员和代理人的训练,以在必要时满足事故罹难者、幸存者、失踪者家属的需要;

(6)赔偿计划与程序,罹难者后事处理的程序与组织;

(7)保证为实施这一计划的足够资源。

公共航空运输企业对家属援助计划的任何修改均应在修改后10日内报民航总局备案。

2. 家属援助内容

公共航空运输企业应当向罹难者、幸存者、失踪者家属提供以下援助:

(1)家属出发、到达、离开事故现场的交通便利;

(2)为家属选择符合要求的居住和活动场所及其他必要的后勤保障;

(3)派出经过训练的人员为家属提供精神抚慰;

(4)为罹难者、幸存者、失踪者及其家属提供必要的医疗卫生保障;

(5)为实施家属援助提供必要的经费;

(6)其他与民用航空器飞行事故相关的必要援助。

上述援助费用由公共航空运输企业承担。

公共航空运输企业应当及时公布家属联络等工作进展情况,以便于罹难者、幸存者、失踪者家属的进一步联络。

> **课堂小提示**
>
> 发生民用航空器飞行事故的航空器上有外籍旅客的,公共航空运输企业应当向事故协调小组及时报告外籍旅客的必要信息,以便外交部门及时与有关的外国使馆取得联系。

五、民用机场的家属援助

机场应当成立由当地人民政府、民航地区管理局或其派出机构、机场管理机构、空中交通管理部门、公共航空运输企业和其他驻场单位共同组成的机场应急救援领导小组,负责机场及其邻近区域内民用航空器飞行事故应急救援的组织与协调。

对于发生在机场及其邻近区域内的民用航空器飞行事故,机场应急救援领导小组应当在第一时间内组织实施救援行动,协调机场内的消防部门、医疗部门、公安机关等派出救援力量。

机场管理机构应当协助发生民用航空器飞行事故的公共航空运输企业的家属援助工作,在交通、住宿等方面提供便利条件。

参与应急救援的单位在应急救援过程中应当保护事故现场以及相关证据,避免移动任何航空器残骸、散落物、罹难者遗体。因抢救人员、防止事故扩大等原因需要移动事故现场的,应当拍照、录像或做出标志、绘制现场简图,作出书面记录。航空器驾驶舱内的任何仪表、操作部件、伤亡人员,在移动前,必须拍照、绘图及作记录。

> **案例**
>
> #### "11·21"包头空难
>
> 2004年11月21日8时21分,中国东方航空云南公司CRJ-200机型B-3072号飞机,执行包头飞往上海的MU5210航班任务,在包头机场附近坠毁,造成55人(其中有47名乘客、6名机组人员和2名地面人员)遇难。
>
> 据内蒙古民航机场集团公司透露,该飞机是CRJ-200型飞机(机身号B-3072),执行包头到上海虹桥机场任务,于8时21分起飞,约1分钟后与机场塔台失去联络,经包头机场证实,该飞机已在距包头机场13号跑道1~2公里处坠毁。
>
> 11月21日,遇难者家属在包头市天使宾馆等待消息。包头空难发生后,包头市政府组织了医疗、民政等多家部门展开空难善后工作。在包头飞往上海失事客机上,有25名乘客购买了中国人寿保险股份有限公司的共26份航空意外保险,每份保额40万元。
>
> 2005年10月,中国环境科学院所做报告认定:东方航空云南公司的此次空难事故造成南海公园的水系严重污染,生态系统受到严重破坏,总体水质恶化,石油类污物随时间推移而不断加重,事故对南海公园造成的环境影响、公众心理影响和生态破坏的经济损失达1.052亿元。该案经历28次谈判最终达成

了 2 140 万元人民币赔偿的协议。同时,东方航空云南公司对于地面遇难者家属一次性支付了赔偿金 38 万元。其中,丧葬费 1.2 万元,死亡赔偿金 16.7 万元,食宿交通误工补助费 3 万元,抚慰金 7.5 万元,生活困难补助金 9.6 万元。

单元四 民用航空器事故调查

民用航空器飞行安全是民用航空的生命,是发展民航事业的基础。防范民用航空器事故的发生,分析、研究飞行事故的原因,保证飞行安全是民航工作的重要内容。民用航空器事件调查的目的是查明原因,提出安全建议,防止类似事件再次发生。

为了规范民用航空器事件调查,根据《安全生产法》《民用航空法》和《生产安全事故报告和调查处理条例》等法律、行政法规,我国制定了《民用航空器事件调查规定》。该规定自 2020 年 4 月 1 日起施行。

一、民用航空器事故调查的原则

民用航空器事故调查应遵循下列基本原则:

(1)独立原则。调查应当由组织事件调查的部门独立进行,不受任何其他单位和个人的干涉。

(2)客观原则。调查应当坚持实事求是、客观公正、科学严谨,不得带有主观倾向性。

(3)深入原则。调查应当查明事件发生的各种原因,并深入分析产生这些原因的因素,包括航空器设计、制造、运行、维修、保障、人员培训,以及行业规章、企业管理制度和实施方面的缺陷等。

(4)全面原则。调查不仅应当查明和研究与本次事件发生有关的各种原因及产生因素,还应当查明和研究与本次事件发生无关,但在事件中暴露出来的或者在调查中发现可能影响安全的问题。

拓展阅读:西安"六六空难"事故调查分析

二、民用航空器事故调查的组织

1. 民用航空器事故调查的组织要求

根据我国批准的国际公约有关规定,组织、参与事件调查时,按照下列规定执行:

（1）在我国境内发生的事件由我国负责组织调查。在我国境内发生事故、严重征候时，组织事件调查的部门应当允许航空器登记国、运营人所在国、设计国、制造国各派出一名授权代表和若干名顾问参加调查。事故中有外国公民死亡或者重伤的，组织事件调查的部门应当允许死亡或者重伤公民所在国指派一名专家参加调查。

有关国家无意派遣授权代表的，组织事件调查的部门可以允许航空器运营人、设计、制造单位的专家或者其推荐的专家参与调查。

（2）我国为航空器登记国、运营人所在国或者由我国设计、制造的民用航空器，在境外某一国家或者地区发生事故、严重征候时，民航局或者地区管理局可以委派一名授权代表和若干名顾问参加由他国或者地区组织的调查工作。

（3）我国为航空器登记国的民用航空器，在境外发生事故、严重征候时，但事发地点不在某一国家或者地区境内的，由我国负责组织调查。

（4）我国为运营人所在国或者由我国设计、制造的民用航空器，在境外发生事故、严重征候时，但事发地点不在某一国家或者地区境内，且航空器登记国无意组织调查的，可以由我国负责组织调查。

（5）由民航局或者地区管理局组织的事故、严重征候调查，可以部分或者全部委托其他国家或者地区进行调查。

（6）根据我国要求，除航空器登记国、运营人所在国、设计国和制造国外，为调查提供资料、设备或者专家的其他国家，有权任命一名授权代表和若干名顾问参加调查。

2. 民用航空器事故组织调查范围

对于由民航局和地区管理局组织调查的事件，调查范围如下。

（1）民航局组织的调查包括：

1）国务院授权组织调查的特别重大事故；

2）运输航空重大事故、较大事故；

3）外国公共航空运输承运人的航空器在我国境内发生的事故；

4）民航局认为有必要组织调查的其他事件。

（2）地区管理局组织本辖区内发生的事件调查，包括：

1）运输航空一般事故；

2）通用航空事故；

3）征候和一般事件；

4）外国公共航空运输承运人的航空器在我国境内发生的严重征候；

5）民航局授权地区管理局组织调查的事故；

6）地区管理局认为有必要组织调查的其他事件。

未造成人员伤亡的一般事故、征候，地区管理局可以委托事发民航生产经营单位组织调查。一般事件原则上地区管理局委托事发民航生产经营单位自行调查，地区管理局认为必要时，可以直接组织调查。

由民航局组织的调查，事发地地区管理局和事发相关单位所属地地区管理局应当参与。由事发地地区管理局组织的调查，事发相关单位所属地地区管理局应当给予协助，民航局可以根据需要指派调查员或者技术专家给予协助。

事发地地区管理局可以委托其他地区管理局组织调查，事发地地区管理局和事发相关单位所属地地区管理局应当给予协助。

3. 民用航空器事故调查组组成

调查组组成应当符合下列规定：

（1）组织事件调查的部门应当任命一名调查组组长，调查组组长负责管理调查工作，并有权对调查组组成和调查工作作出决定。

（2）调查组组长根据调查工作需要，可以成立若干专业小组，分别负责飞行运行、航空器适航和维修、空中交通管理、航空气象、航空安保、机场保障、飞行记录器分析、失效分析、航空器配载、航空医学、生存因素、人为因素、安全管理等方面的调查工作。调查组组长指定专业小组组长，负责管理本小组的调查工作。

（3）调查组由调查员和临时聘请的专家组成，参加调查的人员在调查工作期间应当服从调查组组长的管理，其调查工作只对调查组组长负责。调查组成员在调查期间，应当脱离其日常工作，将全部精力投入调查工作，并不得带有本部门利益。

（4）与事件有直接利害关系的人员不得参加调查工作。

4. 调查组的职责与职权

调查组应当履行的职责包括：查明事实情况；分析事件原因；作出事件结论；提出安全建议；完成调查报告。

调查组依法行使下列职权：

（1）决定封存、启封、使用与发生事件的航空器运行及保障有关的文件、资料、记录、物品、设备和设施；

（2）要求发生事件的航空器运行、保障、设计、制造、维修等单位提供情况和资料；

（3）决定实施和解除事发现场的保护措施；

（4）决定移动、保存、检查、拆卸、组装、取样、验证发生事件的航空器及其残骸；

（5）对事件有关单位和人员、目击者及其他知情者进行询问并录音或者录像，要求其提供相关文件、资料；

(6) 提出开展尸检、病理及毒理检验等工作要求；

(7) 确定可公开的信息及资料；

(8) 调查组认为有必要开展的其他行动。

知识链接

民用航空器事故调查员的任职要求

民航局、地区管理局、接受委托开展事件调查的民航生产经营单位应当指定满足下列条件的人员担任调查员负责事件调查工作：

（1）在航空安全管理、飞行运行、适航维修、空中交通管理、机场管理、航空医学或者飞行记录器译码等专业领域具有3年及以上工作经历，具备较高专业素质；

（2）按照民航局调查员培训大纲的要求参加初始培训和复训；

（3）有一定的组织、协调和管理能力；

（4）身体和心理条件能够适应调查工作。

调查员应当实事求是、客观公正、尊重科学、恪尽职守、吃苦耐劳，正确履行职责、行使权力，遵守调查纪律。未经调查组组长允许，调查员不得擅自发布调查信息。

三、民用航空器事故调查的程序

1. 封存并保管相关资料

民用航空器事故发生相关单位应当根据调查工作需要，立即封存并妥善保管与此次事件相关的下列资料：

（1）飞行日志、飞行计划、通信、导航、监视、气象、空中交通服务、雷达等有关资料；

（2）飞行人员的技术、训练、检查记录，飞行经历时间；

（3）航空卫生工作记录，飞行人员体检记录和登记表、门诊记录、飞行前体检记录及出勤健康证明书；

（4）航空器国籍登记证书、适航证书、无线电台执照、履历、有关维护工具和维护记录；

（5）为航空器加注各种油料、气体等的车辆、设备以及有关化验记录和样品；

（6）航空器使用的地面电源和气源设备；

（7）为航空器除、防冰的设备以及除冰液化验的记录和样品；

（8）旅客货物舱单、载重平衡表、货物监装记录、货物收运存放记录、危险品运输相关文件、旅客名单和舱位图；

（9）旅客、行李安全检查记录，货物邮件安全检查记录，监控记录，航空器监护和交接记录；

（10）有关影像资料；

（11）其他需要封存的文件、工具和设备。

应当封存但不能停用的工具和设备，应当通过拍照、记录等方法详细记录其工作状态。封存资料的单位应当指定封存负责人，封存负责人应当记录封存时间并签名。所有封存的文件、样品、工具、设备、影像和技术资料等未经调查组批准，不得启封。

2. 事发现场的保护与管理

民用航空器事发现场的保护按照下列规定进行：

（1）民用机场及其邻近区域内发生的事件，现场保护工作按照《民用运输机场突发事件应急救援管理规则》执行；其他区域发生的事件按照《中华人民共和国搜寻援救民用航空器规定》执行。

（2）参与救援的单位和人员应当保护事发现场，维护秩序，禁止无关人员进入，防止哄抢、盗窃和破坏。救援工作结束后，救援人员无特殊情况不得再进入现场，防止事发现场被破坏。

（3）任何单位或者个人不得随意移动事发航空器或者航空器残骸及其散落物品。航空器坠落在铁路、公路或者跑道上，或者为抢救伤员、防火灭火等需要移动航空器残骸或者现场物件的，应当作出标记，绘制现场简图，进行书面记录、拍照和录像，妥善保护现场痕迹和物证。

（4）先期到达现场的调查先遣人员对现场各种易失证据，包括物体、液体、冰、资料、痕迹等，及时拍照、采样、收集，并做书面记录。

（5）幸存的机组人员应当保持驾驶舱操纵手柄、电门、仪表等设备处于原始状态，并在救援人员到达之前尽其可能保护事发现场。

（6）救援人员到达后，由现场的组织单位负责保护现场和驾驶舱的原始状态。除因抢救工作需要，任何人不得进入驾驶舱，严禁扳动操纵手柄、电门，改变仪表读数和无线电频率等破坏驾驶舱原始状态的行为。在现场保护工作中，现场组织负责人应当派专人监护驾驶舱，直至向调查组移交。

（7）现场救援负责人怀疑现场有放射性物质、易燃易爆物品、腐蚀性液体、有害气体、有害生物制品、有毒物质等危险品或者接到有关怀疑情况报告的，应当设置专门警戒，注意安全防护，并及时安排专业人员给予确认和处理。

（8）参与救援的单位和人员应当避免对事发现场周边环境造成损害。

民用航空器事故调查组到达事发现场后，按照下列规定管理事发现场：

（1）接管现场并听取负责现场保护和救援工作的单位的详细汇报。

（2）负责现场和事发航空器或者残骸的监管工作。未经调查组同意，任何无关人员不得进入现场；未经调查组组长同意，不得解除对现场和事发航空器的监管。

（3）进入事发现场工作的人员应当服从调查组的管理，不得随意进入航空器驾驶舱，改变航空器、残骸、散落物品的位置及原始状态。拆卸、分解航空器部件、液体取样等工作应当事先拍照或者记录其原始状态并在调查组成员的监督下进行。

（4）调查组组长应当指定专人负责现场的安全防护工作并及时采取下列措施：

1）对事发现场的有毒物品、放射性物质及传染病源等危险品采取相应的安全措施，防止对现场人员和周围居民造成危害。

2）采取相应的防溢和防火措施，防止现场可燃液体溢出或者失火。

3）采取相应的措施，防止航空器残骸颗粒、粉尘或者烟雾对现场人员造成危害。

4）组织专业人员将现场的高压容器、电瓶等移至安全地带进行处理。处理前应当测量和记录有关数据，并记录其散落位置和状态等情况。

5）及时加固或者清理处于不稳定状态的残骸及其他物体，防止倒塌造成伤害或者破坏。

6）采取设立警戒线等安全防护措施，隔离事发现场的危险地带。

7）在事发现场配备急救药品和医疗器材。

3．现场调查

民用航空器事故调查组到达现场后，应当立即开展现场调查工作并查明下列有关情况：

（1）事发现场勘察；

（2）航空器或者残骸；

（3）飞行过程；

（4）机组和其他机上人员；

（5）空中交通服务；

（6）运行控制；

（7）天气；

（8）飞行记录器；

（9）航空器维修记录；

（10）航空器载重情况及装载物；

（11）通信、导航、监视、航行情报、气象、油料、场道、机场灯光等保障情况；

（12）事发当事人、见证人、目击者和其他人员的陈述；

（13）爆炸物破坏和非法干扰行为；

（14）人员伤亡原因；

（15）应急救援情况。

对事件调查中需要试验、验证的项目，按照下列规定进行：

（1）组织事件调查的部门应当满足调查组提出的试验、验证要求，并提供必要的支持和协助。

（2）由调查组组长指派调查组成员参加试验、验证工作。

（3）采用摄像、拍照、笔录等方法记录试验部件的启封和试验及验证过程中的重要、关键阶段。

（4）试验、验证结束后，试验、验证的部门应当提供试验、验证报告。报告应当由操作人、负责人和调查组成员签署。

民用航空器事故发生后，事发单位应当如实向组织事件调查的部门报告直接经济损失。决定修复航空器的，应当开列详细的修复费用清单，列明各单项费用和总费用。航空器修复费用及相关经济损失的核定，应当遵守民航局有关规定。

调查中需要对专门性问题进行鉴别和判断并提供鉴定意见的，调查组委托专业机构进行检测；需要司法鉴定的，调查组委托司法鉴定机构出具相关鉴定意见。

知识链接

现场调查不得对外公开的信息

民用航空器事故调查组成员和参与调查的人员不得对外公开下列信息：

（1）调查过程中获取的有关人员的所有陈述记录；

（2）与航空器运行有关的所有通信记录；

（3）相关人员的医疗或者私人资料；

（4）驾驶舱语音记录及其记录文本；

（5）驾驶舱影像记录及其记录文本；

（6）与空中交通服务有关的所有记录；

（7）原因分析资料，包括飞行记录器分析资料和技术会议记录。

上述规定的信息仅在与调查事件分析和结论有关时才可纳入调查报告或者其附录中，与分析和结论无关的部分不得公布。

四、民用航空器事故调查的报告

民用航空器事故调查结束后,应当由调查组提出事故结论,写出事故调查报告。由地区管理机构组织事故调查的,应当由地区管理机构在事故发生后 90 天内向中国民航局提交事故调查报告。由中国民航局组织事故调查的,应当在事故发生后 120 天内由中国民航局向国务院或者国务院事故调查主管部门提交事故调查报告。不能按期提交事故调查报告的,应当向接受报告的部门提交书面的情况说明。

1. 调查报告内容

民用航空器事故调查的报告应当包括下列内容:

(1) 调查中查明的事实;

(2) 原因分析及主要依据;

(3) 结论;

(4) 安全建议;

(5) 必要的附件;

(6) 调查中尚未解决的问题。

事故调查专业小组应当向调查组组长提交专业小组调查报告,调查组组长应当组织审议专业小组调查报告。

2. 调查报告草案

调查组组长负责组织编写调查报告草案。草案完成后,由调查组组长提交给组织事件调查的部门审议。组织事件调查的部门可以就调查报告草案向下列有关单位征询意见:

(1) 参加调查的有关单位;

(2) 事发相关单位;

(3) 其他必要的单位。

被征询意见的民航生产经营单位在收到征询意见通知后,应当在规定期限内以书面形式将意见反馈给组织事件调查的部门。对调查报告草案有不同意见的,应当写明观点,并提供相应证据。

组织事件调查的部门应当将征询的意见交给调查组研究,调查组组长决定是否对调查报告草案进行修改。调查报告草案修正案及征询意见的采纳情况应当一并提交组织事件调查的部门。

对于涉外的事故和严重征候调查，民航局应当就调查报告草案向航空器登记国、运营人所在国、设计国、制造国和参与调查的国家征询意见。

民航局、地区管理局的航空安全委员会或者其授权的部门负责审议调查报告草案。

3. 调查报告的完成

在调查的任何阶段，民航局、地区管理局应当按权限及时向有关部门、单位、国家以及国际民航组织提出加强和改进航空安全的建议。收到民航局、地区管理局提出安全建议的部门或者单位，应当自接到安全建议 30 日内，书面回复安全建议的接受情况。收到国（境）外调查机构发来安全建议的部门或者单位，应当自接到安全建议 90 日内，书面回复安全建议的接受情况。接受安全建议后，相关单位应当根据建议制定相应措施。民航局、地区管理局应当及时跟踪安全建议落实情况和实施效果。

调查报告应当在规定期限内尽快完成。不能在规定期限内提交调查报告的，组织事件调查的部门应当在期限到达日之前向接受报告的部门提交调查进展报告。

民航局对地区管理局提交的最终调查报告应当在 10 个工作日内完成审议。审议发现问题的，民航局可以要求组织调查的地区管理局进行补充调查或者重新调查。民航局未在 10 个工作日内对地区管理局提交的最终调查报告提出意见的，视为批准调查报告。

事件调查报告经国务院或者民航局批准后，调查工作即告结束。

对于事故，民航局应当在事故发生后 30 日内向国际民航组织送交初步调查报告。对于事故和严重征候，调查结束后，民航局应当向国际民航组织和有关国家送交调查报告。调查工作结束后，发现新的重要证据，可能推翻原结论或者需要对原结论进行重大修改的，组织事件调查的部门应当重新进行调查。

组织事件调查的部门应当在调查结束后对调查工作进行总结，并对调查的文件、资料、证据等清理归档，档案保存时限按照民航局档案保存有关规定执行。

课堂小提示

民用航空器事故调查报告应当依法及时向社会公布，依法应当保密的除外。

案例

希腊航空公司飞行事故调查案

2006年10月9日,希腊政府事故调查当局公布了塞浦路斯的太阳神航空公司发生于2005年8月14日的B737-300飞机在希腊雅典的坠地事故的最终事故调查报告。

该飞机当日执行由塞浦路斯拉纳卡飞往捷克布拉格的ZU522航班。机上乘有115名旅客和6名机组人员。不幸的是,由于机组错误地设置了客舱增压系统开关又未正确识别氧气面罩掉下和客舱高度的告警,而爬升至FL340(34 000英尺,1英尺=0.304 8米)的巡航高度飞行,造成机组因缺氧而失能,致使飞机呈无人驾驶状态下"自动"飞行至希腊雅典国际机场的KEA全向信标台(VOR)上空并进入等待空域程序飞行,直至因机上燃料耗尽,两台CMF56发动机先后停止工作,飞机失去动力而自行降低飞行高度,在希腊雅典国际机场的西北方向33千米处坠地失事。机上所有人员全部遇难。

事故调查最终报告详细公布了从起飞到坠地期间的以下5个关键时刻的飞行情况:

(1)当飞机起飞后爬升穿越16 000英尺高度时,机组获得继续爬升至FL340高度并保持平飞的空中交通管制部门的放行许可,机组联络航空公司运行控制中心并向其报告起飞形态告警和设备冷却系统故障。

(2)当飞机爬升穿越18 200英尺高度时,客舱氧气面罩自动掉下,调查报告确认,此时机组没有对"客舱高度告警"进行识别,也没有注意到氧气面罩已经掉下的现实。

(3)随后的8分钟内,机组数次与运行控制中心进行无线电联络,将一些特殊性的故障报告给该中心。

(4)在此无线电联络过程中,飞机爬升穿越28 900英尺高度。也就在此刻,中断了双向无线电联络,飞行员再也没有对呼叫做出任何反应。

(5)悲剧发生了,由于飞机增压系统失效而致机组缺氧失能(或死亡)。

事故调查最终报告指出,缺乏客舱机组人员向驾驶舱机组报告客舱失压情况的程序,以及驾驶舱机组对氧气面罩掉下的事实的不管不顾而继续爬高的行为,是导致飞行事故发生的原因。

模块小结

本模块讲述的是航空事故救援和事故调查知识。航空事故主要是指民用航空活动中发生的与民用航空器运行相关的不安全事件。民用航空器发生飞行失事或事故时,担负搜寻救援的民用航空器任务的组织,应依照国家法律规定,对遇到紧急情况的民用航空器及时进行寻找援助。为减少事故发生后产生的负面影响,事故处理协调小组协调航空运输企业给予罹难者、幸存者、失踪者及其家属必要的援助。民用航空器事件调查的目的是查明原因,提出安全建议,防止类似事件再次发生。

课后练习

【单选题】

1. 以下不属于民用航空器事故调查原则的是（　　）。

    A. 独立调查原则　　　　　　B. 及时调查原则

    C. 客观调查原则　　　　　　D. 全面调查原则

2. 民用航空器在规定的时间内没有降落并且没有其他的信息,这种紧急情况属于（　　）阶段。

    A. 情况不明　　B. 告警　　C. 遇险　　D. 危险

【思考题】

1. 什么是航空事故？民用航空不安全事件包括哪些内容？

2. 民用航空器搜寻援救有哪些实施措施？

3. 民用航空器事故调查应按哪些程序进行？

2011年1月1日,一架从西伯利亚城市苏尔古特飞往莫斯科的客机在起飞过程中于跑道上滑行时,发动机突然起火燃烧,机场事故救援队伍迅速开始疏散机场上的乘客,而后飞机油箱发生爆炸。爆炸引起的大火在半个多小时后被扑灭。事故共造成3人死亡,43人受伤。

请对飞机发生火灾事故的原因进行分析与评价。

模块七

对地（水）面第三人损害赔偿责任

1. 了解对第三人损害的概念；
2. 理解对第三人损害责任的性质；
3. 熟悉对地（水）面第三人损害侵权行为的构成事件；
4. 领会对地（水）面第三人损害赔偿责任原则；
5. 掌握对地（水）面第三人损害赔偿责任范围；
6. 掌握对地（水）面第三人损害赔偿的诉讼规定。

1. 能够理解对地（水）面第三人损害赔偿责任；
2. 能够确定对地（水）面第三人损害赔偿责任范围；
3. 能够掌握对地（水）面第三人损害赔偿诉讼时效的规定。

1. 弘扬社会主义核心价值观，以"三个敬畏"为内核，保卫国家安全；
2. 树立依法定案，法律面前人人平等的法治思想。

案例导入

　　1999年4月15日，韩国大韩航空公司的一架大型货机从上海虹桥国际机场起飞3分钟后在闵行区莘庄一小区建筑工地坠地爆炸。飞机失事致3名机组成员当场遇难，地面5名中国人员死亡，30多人受伤，周围大片房屋受损。

　　"4·15"事件发生后，中方遇难者家属及其他部分受害居民或通过谈判协商或通过诉讼已先后获得赔偿。最终结果是，上海市高级人民法院对"4·15"坠机案造成地面5名中国公民不幸遇难一案作出终审判决：判处大韩航空公司分别赔偿4位空难者家属88万元、88万元、108万元和111万元人民币（另一名空难者家属经协商接受了52.5万元的赔偿）。

　　案例思考：本案的法院管辖是否正确？我国法律对航空器对地（水）面第三人损害赔偿责任是如何规定的？

单元一 对地（水）面第三人损害赔偿责任概述

一、对第三人损害的概念

1. 第三人的概念

第三人在不同的部门法中，含义有所不同。航空法中对地（水）面第三人的界定一般是以航空运输合同法律关系为界定第三人的基础，地（水）面第三人是指非航空运输合同的自然人，这些人不直接或间接参与民用航空活动，却因为航空事故的侵权而成为享有航空器所有人或经营人债权的人。具体表现为以下三个方面：

（1）地（水）面第三人中的"地（水）"二字排除了"空中"第三人。

（2）地（水）面第三人不包括与经营人或与民用航空器使用权人订有合同，受合同约束的人。这里的民用航空器使用权人是指除经营人以外的有权使用航空器的人。

（3）地（水）面第三人不包括与经营人或与民用航空器使用权人订有劳动合同，受劳动合同约束的人。

2. 对第三人损害的概念

航空器对地（水）面第三人的损害是指从飞行中的航空器上落下的人或物以及航空器坠毁对地（水）面第三人的人身或财产造成损害的行为。

《民用航空法》第一百七十二条规定，对第三人损害不适用于下列损害：

（1）对飞行中的民用航空器或者对该航空器上的人或者物造成的损害；

（2）为受害人同经营人或者同发生损害时对民用航空器有使用权的人订立的合同所约束，或者为适用两方之间的劳动合同的法律有关职工赔偿的规定所约束的损害；

（3）核损害。

二、对第三人损害责任的性质

航空器在空中航行，是高度危险作业。世界上很多国家对高度危险作业致人损害的性质基本上都认为是一种特殊的侵权责任，但在归责的原则上略有不同。民用航空器造成他人损害的，属于高度危险的责任形式，适用《民法典》的规定进行处理。即除非损害是由受害人自己故意造成的之外，民用航空器的经营者都要承担侵权赔偿责任。

《民法典》第一千二百四十条规定：从事高空、高压、地下挖掘活动或者使用高速轨道造成他人损害的，经营者应当承担侵权责任；但是，能够证明损害是因受害人故意或者不可抗力造成的，不承担责任。《民用航空法》第一百五十七条第一款规定：因飞行中的民用航空器或者从飞行中的民用航空器上落下的人或者物，造成地面（包括水面，下同）上的人身伤亡或者财产损害的，受害人有权获得赔偿；但是，所受损害并非造成损害的事故的直接后果，或者所受损害仅是民用航空器依照国家有关的空中交通规则在空中通过造成的，受害人无权要求赔偿。同时《民用航空法》第一百六十一条规定：依照本章规定应当承担责任的人证明损害是完全由于受害人或者其受雇人、代理人的过错造成的，免除其赔偿责任；应当承担责任的人证明损害是部分由于受害人或者其受雇人、代理人的过错造成的，相应减轻其赔偿责任；但是，损害是由于受害人的受雇人、代理人的过错造成的，受害人证明其受雇人、代理人的行为超出其所授权的范围的，不免除或者不减轻应当承担责任的人的赔偿责任。据此，一般认为，我国民用航空器对地面第三人侵权行为适用原则应该是严格责任原则。只要是飞行中的民用航空器或者从飞行中的民用航空器上落下的人或者物造成地面上的人身伤亡或者财产损害是客观事实，受害人即有权获得赔偿。但是，这种客观责任不是绝对责任，在一定条件下可以免责。

课堂小提示

航空活动中的第三人与航空运营者之间并不存在法律上的关系，因此，第三人损害责任是一种侵权责任而不是合同责任。

三、对地（水）面第三人损害侵权行为的构成事件

从飞行中的航空器或航空器上落下的人或物对地面第三人造成损害的，航空器的经营人应当承担赔偿责任。一般来说，承担侵害他人身体健康财产的民事责任需要构成下列要件。

1. 损害事实的客观存在

在航空运输中，对地面第三人造成损害，既包括财产损害，也包括非财产的人身伤亡。损害事实并非仅指实际的财产损失，只要损害是造成地面第三人人身或财产利益受损的结果，同时损害本身又具有可补救性和确定性，再综合其他要件，即可追究经营人的责任。此处的损害是直接损害还是间接损害，航空法中并没有作出明示。

2. 侵权行为和损害事实之间存在着因果关系

从飞行中的民用航空器上落下的人或物及民用航空器的坠毁与第三人的损害后果之间有因果关系。这种因果关系是以实际接触为要件的，因此，只赔偿直接损害，不赔偿间接损害，也就排除了精神损害；而对航空器噪声或声震造成的损害，受害人无权要求赔偿。

3. 不属于法定免责事由

对于特殊侵权的免责事由，法律中一般规定了不可抗力和受害人的故意行为。除法定免责事由外，都应当承担赔偿责任。相关法定免责事由具体规定体现在 1952 年《罗马公约》第 5 条和第 6 条的规定中，以及《民用航空法》第一百五十七、一百六十条、一百六十一条、一百六十四条、一百六十七条、一百七十一条和第一百七十二条规定中。

知识链接

1952 年《罗马公约》简介

自 1925 年起开始起草，1929 年通过的《华沙公约》只是针对承运人对航空运输过程中的旅客损害责任问题统一了某些规则，却并未解决航空器对地（水）面第三人造成的损害责任问题。因此从 1927 年开始，国际航空法律专家技术委员会就着手研究航空器对地（水）面第三人造成的损害责任问题。到 1933 年的时候，在国际航空私法国际会议上就针对此问题签订了《统一有关航空器对地（水）面第三人造成损害的某些规则的公约》（简称 1933 年《罗马公约》），目的是统一因航空事故造成的对地（水）面第三人造成损害的赔偿责任问题的法律规则。此外，国际社会又于 1938 年在布鲁塞尔签订了《对统一有关航空器对地（水）面第三人造成损害的某些规则的公约的附加议定书》（简称 1938 年《布鲁塞尔保险议定书》），该议定书规定了在外国领土上飞行的民用航空器的保险问题。但由于两项公约与国际民用航空运输的实践差距较大，批准该两项公约的国家的数量非常有限，公约和议定书并未获得成功。第二次世界大战后，随着民用航空运输业的迅猛发展，关于1933年《罗马公约》的修改问题也越来越引起国际社会的重视。1947年，在国际民航组织法律委员会的督促下，成立了一个法律小组讨论1933年《罗马公约》的修改问题。1948年6月，该法律小组提出了其认为相互关联的四个问题的报告。除原公约与附加议定书固有的责任问题和保险问题外，法律小组在报告中还提出了空中相撞问题以及对经营人责任的全面限制问题。国际民航组织向所有成员国发出调查问卷，并起草了一个替换1933年《罗马公约》的新公约草案文本。该新公约草案文本名为《关于外国航空器对地（水）面上第三人造成损害的公约草案》，草案于1952年在罗马举行的国际航空私法会议上获得通过（简称1952年《罗马公约》）。1952年《罗马公约》取代了1933年《罗马公约》和1938年《布鲁塞尔保险议定书》，并于1952年10月7日起开放签字。当然，国际公约只对缔约国有约束力，对于非参加国，对地面第三人的赔偿主要适用的是国内法或国际私法冲突的一般原则来确定其适用的法律。

单元二 对地（水）面第三人损害赔偿责任原则

一、1952年《罗马公约》的主要规定

1. 一般规定

（1）凡在地（水）面上遭受损害的人，只要证明该项损害是飞行中的航空器或从飞行中的航空器坠落下的人或物所造成的，即有权获得本公约规定的赔偿。但是，如所受的损害并非造成损害的事件的直接后果，或所受的损害只是航空器遵照现行的空中交通规则在空中通过的结果，则受害人无权要求赔偿。

（2）就本公约而言，航空器自起飞使用动力时起，至降落终结时止，都被认为在飞行中。如为轻于空气的航空器，"在飞行中"一词是指该航空器离开地面时起至重新系留地面时止的期间。

2. 责任主体

（1）本公约所指的损害赔偿责任由航空器的经营人承担。

（2）"经营人"是指损害发生时使用航空器的人。但是，将航空器的使用权已直接或间接地授与他人却仍保留对该航空器的航行控制权的人，被视为是经营人。某人自己使用航空器，或者通过其受雇人在执行职务过程中使用航空器，无论其受雇人是否在他们的职权范围内行事，应被视为该人在使用航空器。

（3）在航空器登记簿上登记的所有人应被推定为航空器的经营人，并承担经营人的责任，除非在为认定其责任而进行的诉讼程序中他证明另外一个人是经营人，并在法律程序许可的范围内采取适当措施使该另一人成为诉讼当事人。

（4）当损害发生时是经营人的人如果对航空器没有自其开始有权使用时起十四天以上的专有使用权，则授予使用权的人须与该人负连带责任，各受本公约规定的条件和责任限制的约束。

（5）如某人未经有权控制航空器航行的人的同意而使用航空器，有权控制航空器航行的人除非能证明他已适当注意防止这种使用，否则应与航空器的非法使用人一起对根据规定应予赔偿的损害负连带责任，各受本公约规定的条件和责任限制的约束。

（6）当两架或两架以上航空器在飞行中相撞或相扰，并发生了本公约第一条所指应予赔偿的损害，或者两架或两架以上航空器共同造成这种损害时，则每一架有关的航空器都应被认为造成了这种损害，而每一架航空器的经营人都应在本公约规定的条件及责任限制范围内承担责任。

3. 免责条款

（1）如果损害是武装冲突或民事骚乱的直接后果，或者被公共权力机关的行为剥夺了使用航空器的权利，则按照本公约规定应负责任的人将对该项损害不承担赔偿义务。

（2）按照本公约规定应负责的人如能证明损害完全是由于受害人或其受雇人的过失造成的，则不承担责任。如应负责任的人能证明损害部分是由于受害人或其受雇人的过失造成的，则其负担的赔偿应按该项过失造成的损害程度予以减少。但是，如损害是由于受害人的受雇人的过失造成的，而受害人证明其受雇人的行为超出了他所授权的范围，则不能免除或减轻上述赔偿责任。

（3）如某人为他人死亡或遭受伤害提起损害赔偿诉讼时，该人或其受雇人的过失也可以使经营人免除或部分免除责任。

二、《民用航空法》的主要规定

1. 一般规定

因飞行中的民用航空器或者从飞行中的民用航空器上落下的人或者物,造成地面(包括水面,下同)上的人身伤亡或者财产损害的,受害人有权获得赔偿;但是,所受损害并非造成损害的事故的直接后果,或者所受损害仅是民用航空器依照国家有关的空中交通规则在空中通过造成的,受害人无权要求赔偿。

前款所称飞行中,是指自民用航空器为实际起飞而使用动力时起至着陆冲程终了时止;就轻于空气的民用航空器而言,飞行中是指自其离开地面时起至其重新着地时止。

2. 责任主体

(1)本法所规定的赔偿责任,由民用航空器的经营人承担。

前款所称经营人,是指损害发生时使用民用航空器的人。民用航空器的使用权已经直接或者间接地授予他人,本人保留对该民用航空器的航行控制权的,本人仍被视为经营人。

经营人的受雇人、代理人在受雇、代理过程中使用民用航空器,无论是否在其受雇、代理范围内行事,均视为经营人使用民用航空器。

民用航空器登记的所有人应当被视为经营人,并承担经营人的责任;除非在判定其责任的诉讼中,所有人证明经营人是他人,并在法律程序许可的范围内采取适当措施使该人成为诉讼当事人之一。

(2)未经对民用航空器有航行控制权的人同意而使用民用航空器,对地面第三人造成损害的,有航行控制权的人除证明本人已经适当注意防止此种使用外,应当与该非法使用人承担连带责任。

(3)两个以上的民用航空器在飞行中相撞或者相扰,造成本法规定的应当赔偿的损害,或者两个以上的民用航空器共同造成此种损害的,各有关民用航空器均应当被认为已经造成此种损害,各有关民用航空器的经营人均应当承担责任。

3. 免责条款

(1)损害是武装冲突或者骚乱的直接后果,依照规定应当承担责任的人不承担责任。依照规定应当承担责任的人对民用航空器的使用权业经国家机关依法剥夺的,不承担责任。

(2)依照规定应当承担责任的人证明损害是完全由于受害人或者其受雇人、代理人的过错造成的，免除其赔偿责任；应当承担责任的人证明损害是部分由于受害人或者其受雇人、代理人的过错造成的，相应减轻其赔偿责任。但是，损害是由于受害人的受雇人、代理人的过错造成时，受害人证明其受雇人、代理人的行为超出其所授权的范围的，不免除或者不减轻应当承担责任的人的赔偿责任。

一人对另一人的死亡或者伤害提起诉讼，请求赔偿时，损害是该另一人或者其受雇人、代理人的过错造成的，适用前款规定。

案例：飞机尾流损害居民房舍

单元三　对地（水）面第三人损害赔偿责任范围

一、1952 年《罗马公约》的主要规定

1. 赔偿责任限额

（1）根据1952年《罗马公约》规定承担责任的全体人员对按照第一条规定应予以赔偿的损害所给付的赔偿金额，以每一航空器和每一事件计，不得超过：

1）航空器质量为 1 000 千克或以下时，500 000 法郎；

2）航空器质量超过 1 000 千克但不超过 6 000 千克时，除 500 000 法郎外，其超过 1 000 千克的每一千克另加 400 法郎；

3）航空器质量超过 6 000 千克但不超过 20 000 千克时，除 2 500 000 法郎外，其超过 6 000 千克的每一千克另加 250 法郎；

4）航空器质量超过 20 000 千克但不超过 50 000 千克时，除 6 000 000 法郎外，其超过 20 000 千克的每一千克另加 150 法郎；

5）航空器质量超过 50 000 千克时，除 10 500 000 法郎外，其超过 50 000 千克的每一千克另加 100 法郎。

（2）关于人身死亡或伤害的责任，对每一死者或伤者不得超过 500 000 法郎。

知识链接

两个以上赔偿主体的赔偿限额

（1）由两个或两个以上的人对损害负责，或者按照规定，在航空器登记簿上登记的所有人虽非经营人而被视为经营人对损害负责时，受害人能主张的赔偿总额不得超过按照1952年《罗马公约》的规定由任何一个应负责任的人给付的最高赔偿额。

（2）受害人可以获得对有关的每一架航空器适用的赔偿限额的总数，但每一个经营人负责赔偿的数额，除按照1952年《罗马公约》第十二条规定无限制外，应不超过适用于其航空器的限额。

（3）如果确定的各项赔偿金总数超过1952年《罗马公约》规定适用的责任限额时，适用下列规则：

1）如果赔偿仅涉及人身死亡或伤害，或者仅涉及财产损失，则按照各项赔偿金额的比例予以减少。

2）如果赔偿既涉及人身死亡或伤害，又涉及财产损失时，则应以用来分摊的金额的总数的一半优先满足人身死亡或伤害的赔偿；若不足清偿，则按照各项赔偿金额的比例分摊。用来分摊的金额余数，按照各项财产损害的赔偿金额以及人身死亡或伤害赔偿金未清偿了结的部分的比例分摊。

2. 责任无限制情况

（1）如果受害人证明损害是由于经营人或其受雇人故意造成损害的作为或不作为所造成，则经营人的责任将无限制；如果是受雇人有上述作为或不作为，还须证明是在执行职务的过程中并在其职权范围内的行为。

（2）未经有使用权的人的同意而非法取得并使用航空器的人，应负的责任将无限制。

二、《民用航空法》的主要规定

对地面第三人损害的赔偿限额，《民用航空法》对此没有做出明确规定。在此只得将地面赔偿计算方法方面的问题引用《民法典》的规定。《民法典》规定："侵害他人造成人身损害的，应当赔偿医疗费、护理费、交通费、营养费、住院伙食补助费等为治疗和康复支出的合理费用，以及因误工减少的收入。造成残疾的，还应当赔偿辅助器具费和残疾赔偿金；造成死亡的，还应当赔偿丧葬费和死亡赔偿金。"对地面第三人造成损害赔偿，应当按照实际损害情况，进行合情合理的个案损害赔偿计算。如果当事人之间不能就赔偿金额达成协议，可以由受理案件的法院裁决。

关于如何确定外国民用航空器在我国境内造成地面第三人的损害的法律适用，《民用航空法》第一百八十九条规定：民用航空器对地面第三人的损害赔偿，适用侵权行为地法律；民用航空器在公海上空对水面第三人的损害赔偿，适用受理案件的法院所在地法律。

单元四　经营人责任的保险和担保

一、1952 年《罗马公约》的主要规定

1952 年《罗马公约》规定，任何缔约国可以要求在另一国登记的航空器经营人，就航空器可能在缔约国领土内对地面或水面第三人造成损害应承担的责任进行保险或者提供其他方式的担保。在实践中，各国一般都要求对外国航空器具有这种保险或提供其他方式的担保。否则不准许在其领土内飞行。1952 年《罗马公约》从第十五条至第十八条对责任担保问题制定了相应的规则。

（一）保险

1. 保险充分性

任何缔约国可以要求在另一缔约国登记的航空器的经营人，对于他可能在该缔约国领土内造成按照规定应予赔偿的损害责任，根据规定的适用限额进行保险。

（1）按照公约规定的条件，向根据航空器登记国或者保险人住所地国或者其主营业所所在地国的法律被许可办理此项保险业务并由上述国家之一审核了清偿能力的保险人投保时，此项保险应被视为是充分的。

（2）如任何国家根据公约第一款规定要求保险，而依照在该国所作的终审判决给

付的赔偿金未能按照所提出的要求以该国货币偿付时，则任何缔约国在该项赔款偿付以前，可以拒绝承认该保险人有清偿能力。

（3）尽管有上述两条的规定，对未经一缔约国许可办理此项保险业务的保险人所作的保险，航空器飞越国可以拒绝视为是充分的。

2. 证明文件

航空器飞越国还可以要求航空器具备保险人出具的证明书，证明已按照公约规定签订了保险，并列明被该项保险所担保责任的被保险人，以及附有航空器登记国或者保险人住所地国，或其主营业所所在地国适当机关所发的证明书或所作的签注，证明保险人具有清偿能力。如系按规定提供其他担保，则航空器须具备由航空器登记国适当机关签发的关于该项担保的证明书。

如果证明书的一份经认证的副本已送存航空器飞越国指定的适当机关，或者如经国际民用航空组织同意，已送存该组织，并由该组织复制副本分送各缔约国，则此项证明书无须在航空器内放置。

（二）担保

1. 一般规定

担保应专门用于并优先支付公约规定的赔偿金。担保在下列情况被视为是充分的，对于一架航空器的经营人而言，担保金额应等于1952年《罗马公约》第十一条规定的限额；对于拥有几架航空器的经营人而言，担保金额不少于限额最高的两架航空器的赔偿限额之和。

索赔要求一经通知经营人，担保金额的总数即应增加为下列两个数额之和：

（1）根据公约规定要求担保的金额；

（2）不超过适用的责任限度的索赔金额。

此项增加的担保金额应保留至索赔要求处理完毕时止。

2. 担保代替保险的方式

下列任何一种担保代替保险被视为是充分的：

（1）在航空器登记的缔约国的保管机构内或在经该国准许充当保管机构的银行内缴存现金；

（2）由航空器登记的缔约国认可并审核了清偿能力的银行提供担保；

（3）由航空器登记的缔约国提供担保，但该缔约国须承允对有关该项担保的诉讼将不援引司法豁免权。

3. 证明文件

如按规定提供其他担保，则航空器须具备由航空器登记国适当机关签发的关于该项担保的证明书。如证明书的一份经认证的副本已送存航空器飞越国指定的适当机关，或者如经国际民用航空组织同意，已送存该组织，并由该组织复制副本分送各缔约国，则此项证明书无须在航空器内放置。

（三）补充证据

如航空器飞越国有合理根据对保险人或者对按规定提供担保的银行的清偿能力有所怀疑，该国可以要求提供关于清偿能力的补充证据。如果对这些证据是否充分发生争议，涉及有关各国的争端应经其中一国的请求送交仲裁庭。此仲裁庭或是国际民用航空组织理事会，或是经各方同意组成的仲裁庭。在此仲裁庭作出裁决以前，保险或担保将被航空器飞越国认为暂时有效。

（四）保险人、担保人的权利

1. 抗辩权

（1）按照规定对经营人的责任提供担保的保险人或任何其他人，对抗根据公约提出的赔偿要求，除可以援用经营人的抗辩理由和以伪造文件为抗辩理由外，仅能援引下列理由抗辩：

1) 损害发生在担保有效期终止以后。但是，如果担保有效期在飞行中届满，则该项担保的有效期应延长至飞行计划列明的下一次降落，但以不超过24小时为限；如果担保由于有效期届满或更换经营人以外的原因而终止有效，则在保险人或担保人将该项担保终止有效通知出具证书的国家适当机关后的15天内，或者在15天期限内撤回按照1952年《罗马公约》第十五条第五款要求提供保险人的证明书或担保证明书，则至该证明书被实际撤回时止，该项担保继续有效。

2) 损害发生在担保规定的地区范围以外，除非飞越此种范围是不可抗力，必须援助他人，或者领航、驾驶或导航上的错误造成的。

（2）当保险或其他担保因有效期届满以外的原因终止有效时，依照规定出具或签

注证明书的国家,应尽快将此情况通知各有关缔约国。

(3) 如按照要求提供了保险或其他担保的证明书,而在担保的有效期内更换经营人,则该项担保将适用于负公约规定责任的新经营人,除非新经营人的责任已有另外的担保,或者新经营人为航空器的非法使用人。但是,该担保适用于新经营人的期限将不超过自保险人或担保人将该担保的失效通知出具证明书的国家适当机关后的15天,或者在15天期限内撤回按照要求提供保险人的证明书,则至该证明书被实际撤回。

(4) 关于延长担保有效期的规定,仅在对受害人有利时适用。

2. 诉讼的权利

仅在下列情况下,受害人可以对保险人或担保人提起直接诉讼,但这并不妨碍受害人根据有关保险合同或担保合同适用的法律进行直接诉讼的权利:

(1) 当按照规定延长担保有效期时;

(2) 当经营人被宣告破产时。

在受害人适用公约提起直接诉讼的情况下,除规定的抗辩理由外,对经营人责任提供担保的保险人或任何其他人不得援用任何担保无效的理由进行抗辩,也不得援引追溯撤销担保的权利。

3. 担保人的追索权

上述规定不妨碍保险人或担保人是否向他人追偿的权利。

> **课堂小提示**
>
> 保险人应付给经营人的任何款项,在公约规定的第三者的索赔要求未得到满足之前,应不得为经营人的债权人扣押或被其采取执行措施。

二、《民用航空法》的主要规定

《民用航空法》第一百六十六条规定:民用航空器的经营人应当投保地面第三人责任险或者取得相应的责任担保。

1. 保险人和担保人的抗辩权

保险人和担保人除享有与经营人相同的抗辩权,以及对伪造证件进行抗辩的权利外,对依照《民用航空法》第十二章规定提出的赔偿请求只能进行下列抗辩:

模块七 对地（水）面第三人损害赔偿责任

（1）损害发生在保险或者担保终止有效后；然而保险或者担保在飞行中期满的，该项保险或者担保在飞行计划中所载下一次降落前继续有效，但是不得超过二十四小时。

（2）损害发生在保险或者担保所指定的地区范围外，除非飞行超出该范围是由于不可抗力、援助他人所必需，或者驾驶、航行或领航上的差错造成的。

上述关于保险或者担保继续有效的规定，只在对受害人有利时适用。即是说，除非在上述情况下发生损害赔偿应使保险人或担保人承担责任外，不得解释为在任何情况下都可以延长有效期或者扩大保险或担保的地域范围。

2.受害人可以直接对保险人或者担保人提起诉讼的情况

仅在下列情形下，受害人可以直接对保险人或者担保人提起诉讼，但是不妨碍受害人根据有关保险合同或者担保合同的法律规定提起直接诉讼的权利：

（1）在上述有效延长期，或者扩大保险或担保范围，使保险或担保继续有效的；

（2）经营人破产的；

（3）保险人或者担保人对受害人依照规定提起的直接诉讼不得以保险或者担保的无效或者追溯力终止为由进行抗辩。

3.受害人的优先受偿

经营人投保的地面第三人责任险或取得的相应责任担保，应被专门指定优先支付地面第三人造成损害的责任赔偿；保险人支付给经营人的款项，在被造成损害的第三人的赔偿请求未满足前，不受经营人的债权人的扣留和处理。

单元五 对地（水）面第三人损害赔偿的诉讼

一、1952 年《罗马公约》的主要规定

（一）管辖法院

根据公约的规定进行诉讼，只能向损害发生地的缔约国的法院提起。但是，如经

一个或几个原告与一个或几个被告彼此同意，原告可以向任何其他缔约国的法院提起诉讼，但此种诉讼程序对于原告向损害发生地国的法院提起诉讼的权利无任何妨碍。各当事人可以协商将其争议在任何缔约国提交仲裁。

（二）索赔期限和诉讼时效

1. 索赔期限

如果航空器对地面或者水面第三人造成了损害，受害人应该在自造成损害的事实发生之日起 6 个月内，向航空器经营人提出索赔要求。如果在 6 个月内，既不将索赔要求通知航空器经营人，又未对航空器经营人提起索赔诉讼，则受害人只能在经营人按其责任限额充分满足了按规定提出的索赔要求之后，如有余额才能得到赔偿。

2. 诉讼时效

诉讼的时效为 2 年，从损害事故发生之日起算。根据受理案件的法院所在地的法律，决定时效的中断和中止。但在任何情况下，如果从损害事故发生之日起 3 年内不提起诉讼，诉权即行丧失。

（三）对外国判决的承认和执行

凡终审判决在任何缔约国都可以执行。当终审判决，甚至缺席判决，由公约规定有管辖权的法院作出后，在外国法院按照其法律规定可以提出执行请求，并在按照被请求执行地国家的法律履行了手续，终审判决即可以执行。一般是在败诉方的住所地或者他的主营业所所在地的缔约国内执行；如果在上述缔约国内，败诉方的财产不足以支付判决的赔偿金，则在败诉方有财产的缔约国内执行。但判决执行申请必须在终审判决作出之日 5 年内提出（《蒙特利尔议定书》将此期限改为 2 年）。

外国法院在下列情形下可以拒绝执行：

（1）此项判决是缺席判决，被告没有足够时间了解案情予以辩护；

（2）被告未获得公平和足够的机会为其利益辩护；

（3）判决涉及的争议是相同当事人的另一诉讼，并已作出了判决或裁判，而根据被申请执行国的法律，另一诉讼的判决或裁决已具有判断力；

（4）判决是由当事人任何一方的欺诈行为作出的；

(5) 申请执行人没有申请执行的资格；

(6) 执行判决违背被申请执行国的公共秩序；

(7) 在损害发生地国家的法院的判决全部执行完毕之前，拒绝执行其他国家的法院判决；

(8) 如果损害发生地国家的法院判决的赔偿金总额超过了公约规定的限额，则拒绝执行，直到赔偿金总额减少到符合规定时为止。

外国法院判决的承认与执行问题，多数国家的诉讼立法一般都有不同程度的规定。对于没有缔约或参加国际条约的情况下，从目前的国际实践来看，国内法院可基于互惠原则承认与执行外国判决，或允许内国法院在不存在互惠关系的情况下拒绝承认与执行有关的外国判决。

知识链接

1952 年《罗马公约》现代化

自从"9·11"事件发生以后，因恐怖袭击引起的航空器对地（水）面第三方的损害赔偿问题，也日益成为国际民航组织关注的重要议题。国际民航组织积极推动 1952 年《罗马公约》现代化的工作，先后召开了六次《罗马公约》现代化小组会议，并正式提出了补充赔偿机制。补充赔偿机制成为解决此类问题的发展方向，但仍有一些问题需要进一步改进。

航空器对地面第三方的损害赔偿问题，在航空活动产生的早期，便已经引起了国际社会的广泛关注，它与航空器致旅客或货物托运人的人身、财产损害赔偿问题一样，均为国际民用航空法律规范调整对象的重要组成部分。但是，与调整后的 1929 年《华沙公约》体系不同，调整航空器致第三方损害问题的 1933 年《罗马公约》及其议定书、1952 年《罗马公约》及其议定书始终未能获得广泛的认同。在《华沙公约》成功现代化和"9·11"恐怖主义袭击事件的共同推动下，2001 年年初，1952 年《罗马公约》的现代化工作正式启动。经过八年的不断努力，2009 年 5 月，在国际民航组织（ICAO）主持下

的国际航空法会议上,《关于航空器对第三方造成损害的赔偿的公约》(以下简称"一般风险公约")和《关于因涉及航空器的非法干扰行为而导致对第三方造成损害的赔偿的公约》获得通过。这两大公约便是《罗马公约》现代化的最新成果。

二、《民用航空法》的主要规定

1. 管辖法院

管辖法院包括事故发生地、航空器最先降落地、被告住所地的人民法院。《中华人民共和国民事诉讼法》(以下简称《民事诉讼法》)第二十八条规定:因铁路、公路、水上和航空事故请求损害赔偿提起的诉讼,由事故发生地或者车辆、船舶最先到达地、航空器最先降落地或者被告住所地人民法院管辖。如果在我国领域内发生航空事故,对第三人造成损害的索赔诉讼,按照这一条规定确定管辖。

2. 诉讼时效

地面第三人损害赔偿的诉讼时效期间为2年,自损害发生之日起计算;但是,在任何情况下,时效期间不得超过自损害发生之日起3年。

模块七 对地(水)面第三人损害赔偿责任

模块小结

本模块讲述的是对地(水)面第三人损害赔偿责任知识。航空器对地(水)面第三人的损害是指从飞行中的航空器上落下的人或物,以及航空器坠毁对地(水)面第三人的人身或财产造成损害的行为。从飞行中的航空器或航空器上落下的人或物对地面第三人造成损害的,航空器的经营人应当承担赔偿责任。对于航空器对地面第三人的损害责任问题,国际法和国内法都做了相应规定,以保证受害人能及时得到补偿。

课后练习

【单选题】

1. 根据民航法规定,如果航空器对地面或水面第三人造成了损害,受害人应该在自造成损害事实发生之日起(　　)内向航空器经营人提出索赔要求。

　　A.3 个月　　　B.6 个月　　　C.9 个月　　　D.12 个月

2. 时间在法律上具有重要意义。常见的有诉讼时效、取得时效、消灭时效及除斥期间等。根据我国相关法律规定,民用航空器对地(水)面第三人损害赔偿经过(　　)年此项求偿权就消灭。

　　A.1　　　　　B.2　　　　　C.3　　　　　D.4

【思考题】

1. 什么是对第三人损害?民用航空不安全事件包括哪些内容?
2. 对地(水)面第三人损害侵权行为由哪些事件构成?
3. 对地(水)面第三人损害赔偿责任范围,《民用航空法》主要有哪些规定?

案例分析

2004年11月21日8时21分，包头飞往上海的MU5210航班起飞出现事故，坠入包头市南海公园的湖中并发生爆炸起火，机上47名乘客，6名机组人员以及地面2人共55人在事故中丧生，还使南海湖受到严重污染。受南海公园管理处委托，中国环境科学院于2004年对南海湖水环境、水生态和公众心理进行调查，最终出具了《生态环境影响调查报告及环保方案设计书》。该报告认定：东方航空公司的空难事故造成南海公园水系严重污染，生态系统受到严重破坏，总体水质恶化，各类经济损失总计1.052亿元。2009年，空难索赔案立案，先后进行了20多次庭前谈话和证据交换。直到2012年10月9日，索赔案正式开庭，32位家属索赔1.32亿元。整个南海湖已受污染，需要修复湖区水生态系统，东方航空公司与南海公园管理处经协商赔偿治理费用总计2 140万元。

思考：本案中飞机失事对地面人员造成的损害和环境损害的赔偿责任属于什么性质？对第三人损失赔偿金额的依据是什么？

模块八
航空保险法律制度

1. 了解航空保险的概念、特点及分类；
2. 理解航空保险的种类；
3. 掌握航空保险理赔的程序；
4. 熟悉航空保险争议的解决方式。

1. 能够理解各种航空保险的责任范围；
2. 能够按正确的程序进行航空保险理赔。

1. 遵纪守法，不弄虚作假，维护公平正义，服务人民；
2. 培养责任心和使命感。

案例导入

　　2015年2月4日中国台湾复兴航空ATR-72班机于上午11时许在台北市基隆河坠河失联，空难事件共导致43人死亡，15人受伤。事故发生后，保险业迅速启动快速反应机制，积极配合有关部门跟踪情况进展，及时开启绿色服务通道。其中，中国人寿积极为客户家属提供交通支持、协助客户家属办理入台手续，并对入台家属进行慰问，协助家属处理在台后续事宜。本次事故中国人寿赔付1 346.39万元；太保寿险赔付242.5万元。

　　案例思考：该事件为重大突发意外空难事件，航空保险在航空发展中的重要性是什么？

模块八 航空保险法律制度

单元一 航空保险概述

一、航空保险的概念

航空保险是指从事民用航空活动的当事人与保险公司之间约定的，由保险公司对民用航空活动中发生的各种意外造成的财产和人身损失进行补偿的经济行为。航空保险是以民用航空活动中涉及的财产及相关经济利益为保险标的的各种保险总称。

航空保险是以航空飞机旅行为保险标的的一种航空保险，是财产保险的一种。当承保的飞机由于自然灾害或意外事故而受损坏，致使第三者或机上旅客人身伤亡、财产损失时，由保险公司负责赔偿。航空运输保险则是以航空运输过程中的各类货物为保险标的，当投保了航空货物保险的货物在运输途中因保险责任造成货物损失时，由保险公司提供经济补偿的一种保险业务。

拓展阅读：航空保险案例

二、航空保险的目的和意义

保险是一种经济制度，其目的是确保经济生活的安定，解决因自然灾害或意外事故造成的经济损失后，类似社会救济而建立的共同基金，属于一种集体救济补偿方法。航空保险是因各种飞行风险造成的对飞机、旅客人身、财产损失的一种补偿。为保证空运市场的稳定，航空保险是航空运输中不可缺少的手段。

航空保险的主要意义表现在以下三方面：

（1）在损害发生后可以得到经济补偿。保险是一种经济保障活动，投保人缴纳保费，与保险人签订保险合同，保险人承担风险。

（2）可以得到风险管理服务。保险人承担风险后，利用自身风险管理的经验，借助社会有关力量，为被保险人提供防灾防损服务，减少事故的发生。

（3）保险保障安全性高。保险是一种法律契约关系，它以数理计算为依据经营风险，避免了盲目性，最大限度地保障了被保险人的经济利益。

三、航空保险的特点

与普通财产险、车险、货运险等常规险种相比,航空保险具有以下显著特点:
(1)高价值、高风险,专业性、技术性较强。
(2)再保险和共保必不可少。
(3)险种都具有国际性。
(4)承保条件与国际市场同步。
(5)原保险人与再保险人共同处理赔案。
(6)自愿保险与强制保险相结合,以强制保险为主。

四、航空保险的分类

航空保险可依据不同的标准做出不同的分类。通常,航空保险可以分成以下几类。

1. 自愿保险与强制保险

依照保险的实施形式,航空保险可以分为自愿保险与强制保险。

(1)自愿保险。自愿保险是在自愿的原则下,根据投保人与保险人订立的合同而构成的保险关系。

(2)强制保险。强制保险又称为法定保险,是以法律的形式对保险人、被保险人以及保险范围和事项做了强制性规定的保险。无论被保险人是否出于自愿,都必须向保险公司办理保险,保险责任自动发生。航空保险大部分都属于强制保险。

> **课堂小提示**
>
> 国际上的航空保险均采用强制保险与自愿保险相结合的保险原则。而且以强制保险为主。其目的在于切实保障承运人及航空活动中其他当事人的人身和财产利益。

2. 财产保险、人身保险与责任保险

依照保险的标的不同,航空保险可以分为财产保险、人身保险与责任保险。

(1)航空财产保险。航空财产保险是以财产及其相关利益为保险标的的保险,如以航空器机身及行李货物等的损毁灭失为保险标的的保险。

(2)航空人身保险。航空人身保险是以人的寿命和身体为保险标的的保险,如以航空运输中的人身意外伤害为保险标的的保险。

（3）航空责任保险。航空责任保险是以航空运输中的责任为保险标的的保险，如以航空运输中的承运人责任为保险标的的保险。

3. 原保险与再保险

依照保险人承担责任的次序分类，航空保险可以分为原保险与再保险。

（1）原保险。原保险是指由保险人直接承保业务并与投保人签订保险合同，对于被保险人因保险事故所造成的损失，承担直接的原始赔偿责任的保险。

（2）再保险。再保险是一方保险人把原承保的部分或全部保险业务转让给另一方保险人承担的保险。这种保险形式是同航空保险关系最为密切的。再保险是防范和化解保险风险的重要手段。

4. 联合保险与独立保险

依照保险责任主体独立承担保险责任还是分推保险责任的情况来分类，航空保险可以分为联合保险与独立保险。

（1）联合保险。联合保险也称共保，是指由多个保险主体共同承担的保险责任形式。联合保险可分为两种不同形式：一种是投保人就同一保险标的，同时与两家或两家以上的保险公司签订一份保险合同。在发生赔偿责任时，其赔款按各保险公司承担的份额比例分保。另一种是在不足额保险时，其不足额部分应视为被保险人自保，故这种形式的保险也可称由被保险人与保险人共保。当损失发生时，不足额部分由被保险人自负。

（2）独立保险。独立保险是由一个保险责任主体独立承担保险责任的保险形式。

知识链接

航空保险的起源和发展

最早的航空保险于1910年出现在美国。第一次世界大战后，飞机逐渐大型化，飞行事故造成的损失随之增加，20世纪20年代以后便出现了以分散风险为主要目的的分保方式和不同公司的保险联营。第二次世界大战期间，航空技术和航空知识的发展大大推动了航空保险事业的发展。第二次世界大战后，航空保险业日趋国际化，通过分保方式把大型飞机的巨额风险分散给世界多国保险公司承担。一旦发生空难，每家保险公司只承担一小部分经济赔偿责任。

1912年第一张民用航空保险的保险单诞生于英国。

1929年《华沙公约》规定了承运人的责任限额，它的通过，极大地促进了保险市场承保航空保险业务的积极性。

> 1933年"英国民用航空保险有限公司"成立,它是英国劳合社外围公司中最大的两个专门承做民用航空保险业务的公司之一。
>
> 1934年6月,国际民用航空保险承保人联合会成立,它旨在代表和保护民用航空保险承保人的利益。
>
> 第二次世界大战期间,航空技术和航空知识的发展大大地推动了航空保险事业的发展。
>
> 航空保险业的真正发展是在20世纪40年代末、50年代初。
>
> 从20世纪50年代中期至60年代初起,航空保险以独特的专业形式,不断得到巩固和发展。

单元二 航空保险的种类

国际上航空保险大体分为:承包飞机机体损失物的保险;对乘客及其行李等的损失赔偿责任保险;对飞机以外的第三者的损失赔偿责任保险;对空运货物的损失赔偿责任保险;有关机场设施及业务的损失赔偿责任保险;对飞机保管者的委托飞机的损失赔偿责任保险;飞机制造者、修理者的产品责任保险;承包飞行员、乘务员、乘客等搭乘飞机中受伤害的伤害保险等。

一、航空器机身险

1. 航空器机身险的概念及类型

航空器机身险是指航空器在飞行或滑行以及停放时,由于意外事故造成航空器及其附件的损失或损坏,以及因意外引起的航空器拆卸重装和运输的费用以及清除残骸的费用,保险人负赔偿责任。保险金额由被保险人自行确定,通常按重置价值投保。保险期限为一年定期保险。航空器机身险是一种强制性保险,是集财产保险和责任保险于一体的综合险种。我国和国际社会均要求航空运输的经营者投保此类保险。

航空器机身险分为国际航线机身保险和国内航线机身保险两种,前者需用外币投保,后者用人民币投保即可。用外币投保的机队,中国人民保险公司还将其拿到伦敦国际保险市场上进行分保险。

2. 航空器机身险责任范围

在国际保险市场上,航空器机身险的保险标的包括飞机机身、推进器、机器及设备。根据各国保险公司适用的飞机保险合同条款的规定,机身险的责任范围除少数采用指定危险方式外,多数为一切险。我国现行的飞机机身保险都是一切险方式。

在航空器机身险的保单中,还规定以下与机身险发生有关的费用也由保险公司赔付,无论飞机是全损还是部分损坏:

(1)事故发生后的施救费用,一般不应超过保险金额的10%,但事先征得保险公司同意则可不受此限制;

(2)飞机从出事地点运往修理厂的运输费用;

(3)损坏飞机修理后的试飞及进行检验的合理费用;

(4)修好后的飞机运返出事地点或其他指定地点的运输费用。

但由于以下原因而引起的飞机的损失或损坏,保险公司不予赔偿:

(1)机械故障、磨损、断裂和损坏,以及飞机设计上的缺陷和失误。以上问题实际上是一种正常的运营消耗,而不是保险应承担的责任。

(2)由于石块、碎石、灰层、沙粒、冰块等所引起的吸入性损坏,致使飞机发动机逐渐损坏,这通常也被认为是"磨损、断裂和慢性损坏",因而也不予赔偿。但由于单一事故而引起的突然性的吸入性损坏,从而使发动机立刻不能工作,这种情况应列入保险范围内,给予保险赔偿。

(3)飞机战争、劫持的危险。

3. 航空器机身险附加险种

对于航空器机身险除外责任的风险事故,需要保险时可采用附加险的方式进行,附加险包括以下险种:

(1)机身战争险。其前提是被保险人必须首先或同时投保机身险。否则,保险人不单独承保该险种。机身战争险主要用于赔偿由于战争、劫持、敌对行为、武装冲突、罢工、民变、暴动、航空器被扣留、没收或第三者恶意破坏所造成的损失。其除外责任是发生原子弹、氢弹袭击或其他核武器爆炸。

(2)责任战争险。由于机身战争险的责任范围引起被保险人对第三者或旅客应负法律责任的费用由保险人负责赔偿。其他内容与机身战争险相同。

(3)免赔额险。免赔额是指保险人对每次保险事故免赔一定的损失金额,一般以绝对数表示。由于保险人对每次事故的赔偿金额免赔一定比例的损失金额,所以也称免赔率。航空器保险一般都规定免赔额,损失在免赔额之内,被保险人不得向保险人索赔,保险人只负责超过免赔额部分的损失赔偿。免赔额险是针对免赔额部分的保险,以此来降低被保险人对免赔额部分的风险,免赔额险作为机身险的附加险,通常以机型来决定免赔额,然后另行缴纳保险费投保。

二、承运人法定责任险

承运人法定责任险承保飞机在营运过程中(飞行及起降过程中)因意外事故而导

致人身伤亡或财产损失，应由被保险人承担的经济赔偿责任，保险公司负责赔偿。飞机法定责任保险包括旅客法定责任险（含行李）、航空货物法定责任险、邮件责任险及第三者责任险四种。

1. 旅客法定责任险

旅客法定责任险承保旅客在乘坐或上下飞机时发生意外，造成旅客的人身伤亡及其所带行李（包括手提行李和交运行李）物品的损失，依法应由被保险人（航空承运人）负担的赔偿责任，保险公司给予赔偿。本保险单中的旅客是指购买飞机票的旅客或航空运输企业同意免费搭载的旅客，但不包括为履行航空运输企业的飞行任务而免费搭载的人员。

旅客责任保险保险标的是被保险人对旅客依法应负的赔偿责任。同时，飞机旅客责任保险还是法定责任保险，采用强制保险的目的在于保障旅客的合法权益。飞机旅客责任保险的保费通常按飞机的座位数计算。

世界多数国家的航空公司对旅客和行李的最高责任，都按《华沙公约》和《海牙议定书》的规定在机票上明文规定。中国是《华沙公约》和《海牙议定书》的签字国，在国际航线上的运输也是按此规定办理的。中国民用航空局从1974年10月1日起陆续向中国人民保险公司投保上述险别。国际上还有多种涉及航空方面的保险业务。

2. 航空货物法定责任险

航空货物法定责任险是指以航空承运人受托送送的货物遭受损失时对托运人依法应负的赔偿责任为保险标的的一种航空责任保险。凡办好托运手续装载在被保险飞机上的货物，如在航空运输过程中发生损失，根据法律、合同规定应由航空承运人负责者，由保险人给予赔偿。

3. 第三者责任险

第三者责任险承保飞机在营运中由于飞机坠落或从飞机上坠人、坠物而造成第三者的人身伤亡或财产损失应由被保险人承担的赔偿责任，保险公司负责赔偿。但属于被保险人的雇员（包括机上和机场工作人员）、被保险飞机上的旅客的人身伤亡或财产损失则均不属于第三者责任险承保范围。另外，法定责任险还负责与事故发生有关的费用支出，如事故发生后的搜索和施救费用，为减少事故损失及损坏而采取的措施的成本、清除飞机残骸的费用等。通常规定上述这些费用成本的最高给付限额为每次事故300万美元。另外，保险公司对因涉及被保险人的赔偿责任而引起的必要的诉讼费用也予以负责。

课堂小提示

承运人法定责任险对被保险人的投保总额作了限制。保险单规定：任一事故的保险总额或保险期内发生的累计损失的保险总额限制在10亿美元。即本保险单规定的责任保险的最高赔偿额为10亿美元。法定责任险的保险费按航空公司承运的旅客客公里计收。

三、航空人身意外伤害险

（一）航空人身意外伤害险的概念及特点

航空人身意外伤害险是保险公司为航空旅客专门设计的一种针对性很强的商业险种，由投保人自行投保，属于自愿性质的航空保险。其保险期限从被保险乘客踏入保单上载明的航班班机舱门开始到飞抵目的港走出舱门为止。它的保险责任是被保险乘客在登机、飞机滑行、飞行、着陆过程中，即在保险期限内因飞机意外事故遭到人身伤害导致身故或残疾时，由保险公司按照保险条款所载明的保险金额给付身故保险金，或按身体残疾所对应的给付比例给付残疾保险金。

航空人身意外伤害险不同于机票中的旅客责任险，其具有以下特点：

（1）航空旅客人身意外伤害险不是强制保险，属于自愿保险的个人意外伤害保险，是否购买自己决定。而机票中的旅客责任险是在航空公司的飞机保险中所包括的法定责任保险之一，是航空公司因自身的责任造成航空旅客人身伤亡时应对航空旅客赔偿的责任保险。

（2）航空旅客人身意外伤害险是由保险公司直接赔付给持有保单的旅客，而机票中的旅客责任险是由保险公司赔付给航空公司，再由航空公司赔付给旅客的。

（3）航空旅客人身意外伤害险的保费相对较低，保险金额高。在航空旅客人身意外伤害险市场化时代，各保险公司均推出了不同价位的保费对应不同级别保险金额的航空旅客人身意外伤害险产品，满足了不同乘客的不同需求。同时，航空旅客人身意外伤害险的保障功能较强，对遭遇意外伤害的乘客给予及时的保险救助。

（4）航空旅客人身意外伤害险的保险条款简单，投保简便，适合人群比较广泛。一般而言，航意险对投保人或被保险人无选择要求，凡是购买了航空机票的乘客，无论其年龄、性别、职业、身体情况如何，均可自愿购买一份或多份航意险。

（二）航空人身意外伤害险的保险责任和除外责任

1. 保险责任

被保险人遭受意外伤害时，经营航空人身意外伤害险的保险公司依下列约定给付保险金：

（1）意外伤害身故保险金。被保险人自意外伤害发生之日起 180 日内身故时，保险公司按保险单所载保险金额给付身故保险金。

（2）意外伤害残疾保险金。被保险人自意外伤害发生之日起 180 日内身体残疾时，保险公司按保险单所载保险金额及该项身体残疾所对应的给付比例给付残疾保险金。如治疗仍未结束的，按第 180 日的身体情况进行残疾鉴定，并据此给付残疾保险金。

被保险人因同一意外伤害造成一项以上身体残疾时，保险公司给付对应项残疾保险金之和。但不同残疾项目属于同一手或同一足时，保险公司仅给付其中一项残疾保险金；如残疾项目所对应的给付比例不同时，仅给付其中比例较高一项的残疾保险金。

（3）意外伤害医疗保险金。被保险人自意外伤害发生之日起180日内，未造成身故或残疾的，对被保险人在此期间实际支付的医疗费，保险公司在国家规定的公费医疗报销范围内给付医疗保险金。

2. 除外责任

下列情形之一，使被保险人身体受到伤害的，保险公司不负给付保险金责任：

（1）投保人、受益人对被保险人故意杀害、伤害；
（2）被保险人自杀、故意自伤；
（3）被保险人吸毒、殴斗、醉酒或受酒精、毒品、管制药物的影响而致意外；
（4）战争、军事行动、暴乱或武装叛乱；
（5）核爆炸、核辐射或核污染。

（三）保险事故通知

投保人、被保险人或者受益人应于知道或应当知道保险事故发生之日起5日内通知保险公司。否则投保人、被保险人或受益人应承担由于通知迟延致使保险公司增加的勘察、检验等项费用。但因不可抗力导致的迟延除外。

（四）保险金的申请与给付

1. 保险金的申请

（1）被保险人身故，由身故保险金受益人作为申请人填写保险金给付申请书，并凭下列证明和资料向本公司申请给付保险金：

1）保险单或其他保险凭证；
2）受益人户籍证明及身份证明；
3）公安部门或本公司认可的医疗机构出具的被保险人死亡证明书；
4）由承运人出具的意外事故证明；
5）如被保险人为宣告死亡，受益人须提供人民法院出具的宣告死亡证明文件；
6）被保险人户籍注销证明；
7）受益人所能提供的与确认保险事故的性质、原因等有关的其他证明和资料。

（2）被保险人残疾，由被保险人作为申请人，于被保险人被确定残疾及其程度后，填写保险金给付申请书，并凭下列证明和资料向本公司申请给付保险金：

1）保险单或其他保险凭证；
2）被保险人户籍证明及身份证明；

3）由本公司指定或认可的医疗机构或医师出具的被保险人残疾程度鉴定书；

4）由承运人出具的意外事故证明；

5）被保险人所能提供的与确认保险事故的性质、原因、伤害程度等有关的其他证明和资料。

（3）被保险人遭受意外伤害未造成身故或残疾，但需接受治疗的，由被保险人作为申请人，于治疗结束后或治疗仍未结束但自意外伤害发生之日起已满 180 日时，填写保险金给付申请书，并凭下列证明和资料向保险公司申请给付保险金：

1）保险单或其他保险凭证；

2）被保险人户籍证明及身份证明；

3）由本公司指定或认可的医疗机构或医师出具的医疗诊断书及医疗费用原始凭证；

4）由承运人出具的意外事故证明；

5）被保险人所能提供的与确认保险事故的性质、原因、伤害程度等有关的其他证明和资料。

2. 保险金的给付

航空人身意外伤害险有三种赔付情况：第一种是在有效期内身故，给付身故保险金。第二种是在有效期内残疾，给付残疾保险金。第三种是在有效期内，未造成身故或残疾，按限额给付医疗保险金。航空人身意外伤害险是非强制险，是否购买由投保者本人决定。

（1）保险公司收到申请人的保险金给付申请书及本条所要求的证明和资料后，如无特别约定，对属于保险责任的，在与申请人达成有关给付保险金数额的协议后 10 日内，履行给付保险金责任。对不属于保险责任的，向申请人发出拒绝给付保险金通知书。

（2）保险公司自收到申请人的保险金给付申请书及本条所要求的证明和资料之日起 60 日内，对属于保险责任而给付保险金的数额不能确定的，根据已有证明和资料，按可以确定的最低数额先予以支付，保险公司最终确定给付保险金的数额后，给付相应的差额。

拓展阅读：直升机失事引巨额保险理赔纠纷

（3）如被保险人在宣告死亡后生还的，保险金领取人应自其知道或应当知道被保险人生还后 30 日内退还本公司支付的保险金。

（4）被保险人或受益人对本公司请求给付保险金的权利，自其知道或应当知道保险事故发生之日起两年不行使而消灭。

> **知识链接**
>
> **我国航空旅客人身意外伤害保险的发展历程**
>
> 　　1989年，当时的中国人民保险公司与民航总局、国务院法制办一起研究制定了最早的航意险产品，其分为五种费率，即3元、5元、7元、9元、11元，分别保1万元、2万元、3万元、4万元、5万元。当年5月1日，航意险正式在全国范围内开办。
>
> 　　1993年，航意险调整为5元、10元，分别保3万元、6万元。
>
> 　　1998年7月，中国人民银行制定颁布了《航空旅客人身意外伤害保险条款》。条款规定，航意险保险期间为登机舱门到离机舱门之间，每份保费20元，保额20万元。全国自1998年8月1日起统一使用"航意险统颁条款"。
>
> 　　2003年1月10日，中国保监会发布航空旅客意外伤害保险行业指导性条款。新的航意险将由原来每份保费20元、保额20万元，调整为每份保费20元、保额40万元，同一被保险人最高保额200万元的规定不变。
>
> 　　2007年9月，中国保监会下发《关于加强航空意外保险管理有关事项的通知》（以下简称《通知》）。《通知》废止行业指导性条款，将航意险产品开发权和定价权完全交给保险公司，进一步发挥市场机制作用。
>
> 　　截至2006年年末，共有22家寿险公司、11家产险公司经营航意险。2006年实现航意险保费1.76亿元。

四、机场责任保险

1. 机场责任保险的概念及特点

机场责任保险是指以被保险人（机场所有人和经营人）因机场（包括建筑物及其设备、装置）存在结构上的缺陷或管理不善，或被保险人在机场内进行经营活动时因疏忽发生意外事故造成他人人身伤害或财产损失依法应负赔偿责任为保险标的的保险。可见，机场责任虽然也被纳入航空责任保险范围，实质上是公众责任保险中的一种场所责任保险，并且具有综合性特点。

2. 机场责任保险的保险责任

机场责任保险对以下责任引起的损失负责赔偿：

（1）机场所有人或经营人所提供的服务或其雇员在工作期间因疏忽而造成第三者人身伤亡或财产损失。

(2) 由被保险人（机场所有人或经营人）的疏忽或过失导致其保管、控制的第三者的飞机或有关设备遭受的损失或损坏。

(3) 被保险人因提供的服务或设备有缺陷而导致的第三者人身伤亡或财产损失而应负担的经济赔偿责任。

3. 机场责任保险的除外责任

在我国，机场责任保险包括以下除外责任：

(1) 被保险人自己的财产损失和人身伤亡；

(2) 机场内的机动车责任；

(3) 机场所属旅馆、宾馆业主责任；

(4) 被保险人提供缺陷产品造成的损失；

(5) 产品的设计、制造、操作不当造成的损失；

(6) 合同责任等。

对财产损失通常有免赔额，但较低。对某些责任免除，可以通过增加保费得到扩展保障。同时，由于机场责任保险只是公众责任保险中的一个特殊类型，赔偿限额、保险费等原则，均同于一般的公众责任保险。

五、航空货物运输险

航空货物运输险是以航空运输过程中的各类货物为保险标的，当投保了航空货物保险的货物在运输途中因保险责任造成货物损失时，由保险公司提供经济补偿的一种保险业务。

1. 航空货物运输险的保险责任

航空货物运输险对以下责任引起的损失负责赔偿：

(1) 由于航空器遭受碰撞、倾覆、坠落、失踪，在危难中发生卸载以及遭遇恶劣气候或其他危难事故发生抛弃行为所造成的损失。

(2) 保险货物本身因遭受火灾、爆炸、雷电、冰雹、暴风雨、洪水、海啸、地震、地陷、崖崩所造成的损失。

(3) 保险货物因受震动、碰撞或压力而造成破碎、弯曲凹瘪、折断、开裂等损伤，以及由此所引起的包装破裂而造成的损失。

(4) 凡属液体、半流体或者需要用液体保藏的保险货物，在运输途中因受震动、碰撞或压力致使所装容器（包括封口）损坏发生渗漏而造成的损失，或用液体保藏的货物因液体渗漏致使保藏货物腐烂的损失。

(5) 保险货物因遭受偷盗或提不着货的损失。

(6) 在装货、卸货和地面运输过程中，因遭受不可抗力的意外事故及雨淋所造成保险货物的损失。

> **课堂小提示**
>
> 　　对于在发生责任范围内的灾害事故，为防止损失扩大采取施救或保护货物的措施而交付的合理费用，保险人也负赔偿责任，但最高以不超过保险金额为限。

2. 航空货物运输险的除外责任

保险货物于保险期限内由于下列原因造成损失的，无论是在运输途中或存放过程中的损失，保险公司不负赔偿责任：

（1）战争或军事行动；

（2）由于保险货物本身的缺陷或自然损耗，以及由于包装不善或者属于托运人不遵守货物运输规则所造成的损失；

（3）托运人或被保险人的故意行为或过失；

（4）其他不属于保险责任范围内的损失。

六、其他航空保险

除以上主要险种外，航空保险还包括租机保险、机组人员人身意外伤害保险以及作为附加险的战争险和劫持险（附加在机身险、地面第三人责任险和旅客法定责任险等主险种之上，不能单独承保）等险种。

> **案例**
>
> ### 韩亚航空事故：保险公司总计支付约 1.76 亿美元
>
> 　　2013 年 7 月 6 日，韩国韩亚航空公司 214 航班，由波音 777-200 型客机执飞，从仁川国际机场飞往旧金山国际机场。航班在美国当地时间 6 日 11 时 28 分旧金山机场降落时，失事滑出跑道，机身起火。客机最初降落时正常，已放下起落架，但就在着陆前出现异常，机尾着地，一些飞机部件脱落，飞机偏离跑道，起火燃烧。客机载有 291 名乘客和 16 名机组人员，其中包括 141 名中国人（含 34 名高中学生和 1 名教师）、77 名韩国人和 61 名美国人。共有 3 名中国学生在本次空难中遇难，均为"90 后"女性。

> 根据韩国金融委员会发布的消息，LIG 共买有 23.8 亿美元的航空保险，其中飞机保险 1.3 亿美元，事故责任赔偿限额 22.5 亿美元。当然这是最高保额，并不是最终赔付的额度。
>
> 管理韩国保险业的韩国金融监督院曾预计韩亚航空的保险公司将总计支付约 1.76 亿美元，其中 1.31 亿美元用来更换飞机，4 450 万美元用来赔偿乘客和旧金山机场。

单元三 航空保险理赔及保险争议的处理

一、航空保险理赔

（一）航空保险理赔的概念

航空保险理赔是指保险人接到投保人或者被保险人的请求，根据航空保险合同的约定，对保险事故发生的情况以及造成的财产损失或人身伤害进行一系列的调查、取证和审核并予以赔偿的行为。

案例：台湾客机坠河事故

（二）航空保险理赔的原则

（1）以保险合同为依据的原则。航空事故发生后，是否属保险责任范围、是否在保险期限内、保险赔偿金额多少、免赔额的确定、被保险人自负责任等均依据保险合同确定的责任。

（2）合理原则。航空保险人在处理保险赔偿时，要以保险合同为依据并注意合理原则，因为航空保险合同条款不能概括所有情况。

（3）及时原则。航空保险的主要职能是提供经济补偿。保险事故发生后，保险人应迅速勘察、检验、定损，将保险赔偿及时送到被保险人手中。

（三）航空保险理赔的程序

与其他保险一样，航空保险的理赔通常包括以下程序。

1. 受理报案

受理报案是指被保险人发生保险事故后必须及时向保险公司报案，保险公司应将事故情况登录备案。一般来说，报案是保险公司理赔过程中的重要环节，它有助于保险公司及时了解事故情况，必要时可介入调查，尽早核实事故性质；同时，保险公司又可以根据保险合同的要求及事故情况，告知或提醒申请人所需准备的材料，并对相关材料的收集方法及途径给予指导。

2. 立案受理

立案就是保险公司根据申请人提供的理赔申请材料进行审核，确定材料是否齐全、是否需要补交材料或保险公司确定是否受理的过程。在立案环节中，保险公司的立案人对提交的证明材料不齐全、不清晰的，会当即告诉申请人补交相关材料；对材料齐全、清晰的，即时告知申请人处理案件大致所需要的时间，并告知保险金的领取方法。

3. 调查和取证

调查和取证是保险公司通过对有关证据的收集，核实保险事故以及材料的真实性的过程。调查过程不仅需要相关部门及机关的配合，申请人的配合也是必不可少的环节，否则将影响保险金的及时赔付。

4. 审核和签批

审核就是指案件经办人根据相关证据认定客观事实、确定保险责任后，精确计算给付金额并作出理赔结论的过程。签批是指理赔案件签批人对以上各环节工作进行复核，对核实无误的案件进行审批的过程。

5. 履行赔付义务

保险人在核定责任的基础上，对属于保险责任的，在与被保险人或者受益人达成有关赔偿或者给付保险金额的协议后十日内，履行赔偿或者给付保险金义务。保险合同对保险金额及赔偿或者给付期限有约定的，保险人应当依照保险合同的约定，履行赔偿或者给付保险金义务。

保险人按照法定程序履行赔偿或者给付保险金的义务后，保险理赔就告结束。如果保险人未及时履行赔偿或者给付保险金义务的，就构成一种违约行为，按照规定应当承担相应的责任，即"除支付保险金外，应当赔偿被保险人或者受益人因此受到的损失"，这里的赔偿损失，是指保险人应当支付的保险金的利息损失。

为了保证保险人依法履行赔付义务，同时保护被保险人或者受益人的合法权益，相关法律法规明确规定，任何单位或者个人都不得非法干预保险人履行赔偿或者给付保险金的义务，也不得限制被保险人或者受益人取得保险金的权利。

（四）航空旅客法定责任保险的赔偿限额

航空旅客法定责任保险的赔偿限额以保险单上附表规定的最高赔偿额为限，但有关诉讼费用需另外赔偿。对赔偿限额的规定一般应区别国内航线和国际航线。航空承运人在国内航线所负的责任限额一般由所在国家的航空法律来规定，而对国际航线则依国际公约办理。

1. 国内航线赔偿限额

对于国内航线,2006 年 1 月 29 日国务院批准并自当年 3 月 28 日起施行的《国内航空运输承运人赔偿责任限额规定》(以下简称《规定》)提出如下具体赔偿规定:国内航空运输承运人因发生在民用航空器上或者在旅客上、下民用航空器过程中的事件,造成旅客人身伤亡的,对每名旅客的赔偿责任限额为人民币 40 万元(旅客自行向保险公司投保航空旅客人身意外保险的,此项保险金额的给付,不免除或者减少承运人应当承担的赔偿责任),而此前仅为 7 万元。根据《规定》,造成旅客随身携带物品毁灭、遗失或者损坏的,对每名旅客的赔偿责任限额为人民币 3 000 元;对旅客托运的行李和对运输的货物的赔偿责任限额,为每公斤 100 元人民币。向外国人、华侨、港澳同胞和台湾同胞给付的赔偿金,也可以兑换成该国或地区的货币。

2. 国际航线赔偿限额

对于国际航线,赔偿限额一般按国家所批准的国际公约来办理。目前,大多数国家均按 1999 年《蒙特利尔公约》办理,该公约于 2005 年 7 月 31 日对中国生效。根据 1999 年《蒙特利尔公约》规定,旅客伤亡时,无论承运人是否有责任,只要损失不是索赔人一方或者第三人造成的,承运人的赔偿限额由以前的 7.5 万美元增加到 10 万特别提款权(按照公约签署当日的货币换算标准,约合 13.5 万美元)。当旅客伤亡是由承运人责任造成时,旅客还可以要求得到超过 10 万特别提款权的赔偿(10 万特别提款权只是一个限额,实际损失低于 10 万特别提款权的,根据旅客遭受到的实际损失予以赔偿)。另外,对于航班延误造成损失的,每名旅客赔偿限额为 4 150 特别提款权(约合 5 000 美元)。行李赔偿方面,则不再按照以前的以重量为单位计算损失,而是每名旅客以 1 000 特别提款权(约 1 350 美元)为限。

知识链接

航空旅客法定责任保险的保险责任

(1)对旅客人身伤害及财物损失的赔偿责任。

(2)因涉及被保险人的赔偿责任而引起的诉讼费用,由保险人另负责赔偿,而且不受旅客法定责任保险单附表规定的最高赔偿额的限制。但是,承运人如能证明旅客死亡或受伤是不可抗力或旅客本人健康状况造成的,或旅客死亡或受伤是由旅客本人的过失或故意行为造成的,可以减轻或免除其赔偿责任。

保险责任一般从旅客验票后开始,到离开机场之前提取了旅客的行李时为止。

二、航空保险争议的解决

航空保险争议的解决是指民用航空保险合同在订立和履行的过程中,双方当事人对相互间的权利义务,或对保险标的权益持有不同的意见和要求,保险人和被保险人协商不成,通过仲裁或诉讼解决纠纷的做法。

1. 航空保险争议的情形

民用航空保险争议一般有以下情形:

(1) 对保险合同条款的理解有分歧。

(2) 对赔偿数额有争议。

(3) 有关第三方责任的纠纷。

(4) 损失是否有道德风险所致的纠纷。

2. 航空保险争议的解决方式

《中华人民共和国保险法》第三十条规定:"采用保险人提供的格式条款订立的保险合同,保险人与投保人、被保险人或者受益人对合同条款有争议的,应当按照通常理解予以解释。对合同条款有两种以上解释的,人民法院或者仲裁机构应当作出有利于被保险人和受益人的解释。"航空保险争议的解决方式主要有协商、仲裁和诉讼三种。

(1) 协商。协商是指合同双方在自愿、互谅、实事求是的基础上,对出现的争议直接沟通,友好磋商,消除纠纷,求大同存小异,对所争议问题达成一致意见,自行解决争议的办法。协商解决争议不仅可以节约时间、节约费用,更重要的是可以在协商过程中,增进彼此了解,强化双方互相信任,有利于圆满解决纠纷,并继续执行合同。

(2) 仲裁。仲裁是指合同双方对某一事件或某一问题发生争议时,通过协商难以达成协议,根据申请,可由国家规定的仲裁机关依法作出裁决。申请仲裁必须以双方自愿基础上达成的仲裁协议为前提。仲裁协议可以是订立保险合同时列明的仲裁条款,也可以是在争议发生前,或者发生时或发生后达成的仲裁协议。

(3) 诉讼。诉讼是指合同双方将争议诉至人民法院,由人民法院依法定程序解决争议、进行裁决的方式。航空保险合同纠纷案属民事诉讼法范畴,法院在受理案件时,实行级别管辖和地域管辖、专属管辖和选择管辖相结合的方式。《民事诉讼法》第二十四条规定:因保险合同纠纷提起的诉讼,由被告住所地或者保险标的物所在地人民法院管辖。

课堂小提示

按照我国法律规定，只能在仲裁或诉讼中任选一种形式解决争议，而不能同时使用仲裁和诉讼两种形式解决争议。

案例

某保险公司诉 A 航空公司、B 航空公司货物运输赔偿纠纷案

1991 年 12 月 6 日，原告某保险公司接受某公司（托运人）对其准备空运至米兰的 20 箱丝绸服装的投保，保险金额为 73 849 美元。同日，由被告 A 航空公司的代理 B 航空公司出具了航空货运单一份。该航空货运单注明：第一承运人为 A 航空公司，第二承运人为 B 航空公司，货物共 20 箱，重 750 千克。该货物的"声明价值（运输）"未填写。A 航空公司于 1991 年 12 月 20 日将货物由杭州运抵北京，12 月 28 日，A 航空公司在准备按约将货物转交 B 航空公司运输时，发现货物灭失。1992 年，原告对投保人（托运人）进行了全额赔偿并取得权益转让书后，于 1992 年 5 月 28 日向 B 航空公司提出索赔请求。B 航空公司将原告索赔请求材料转交 A 航空公司。A 航空公司表示愿意以每千克 20 美元限额赔偿原告损失，原告要求被告进行全额赔偿，不接受被告的赔偿意见，遂向法院起诉。

法院认为，航空货运单是航空运输合同存在及合同条件的初步证据。该合同的"声明"及合同条件是合同的组成部分，并不违反 1955 年《海牙议定书》的规定，且为国际航空运输协会规则所确认，故应属有效，对承运人和托运人具有相同的约束力。托运人在将货物交付运输时向原告进行了保险，该批货物在 A 航空公司承运期间发生灭失，A 航空公司应负赔偿责任。原告在赔偿后取得代位求偿权。由于托运人在交托货物时，未对托运货物提出声明价值并交付必要的附加费，所以 A 航空公司在责任范围内承担赔偿责任是合理的。被告 B 航空公司作为签发人，应对合同下的货物运输负有责任，但鉴于被告 A 航空公司承诺赔偿，B 航空公司可不再承担责任。

法院同时认为，该案是原告拒绝被告 A 航空公司承诺按责任限额赔偿而引起，故责任在原告。

法院最后判决如下：航空公司赔偿原告 15 000 美元，航空公司给付原告自 1993 年 2 月 1 日至判决生效日 15 000 美元的活期存款利息，诉讼费用由原告承担。

模块小结

　　本模块讲述的是航空保险法律制度知识。航空保险是以民用航空活动中涉及的财产及相关经济利益为保险标的的各种保险总称。航空保险是因各种飞行风险造成的对飞机、旅客人身、财产损失的一种补偿。国际上航空保险险种主要有航空器机身险、承运人法定责任险、航空人身意外伤害险、机场责任保险、航空货物运输险等。航空保险的理赔是指保险人接到投保人或者被保险人的请求，根据航空保险合同的约定，对保险事故发生的情况以及造成的财产损失或人身伤害进行一系列的调查、取证和审核并予以赔偿的行为。航空保险争议的解决方式主要有协商、仲裁和诉讼三种。

课后练习

【单选题】

1. 所谓（　　），是指保险人以其承担的保险责任的一部分或全部为保险标的，向其他保险人转保的保险。

　　A. 再保险　　　　B. 原保险　　　　C. 独立保险　　　　D. 共同保险

2. 关于保险合同当事人的权利和义务，以下属于保险人义务的是（　　）。

　　A. 缴纳保险费　　　　　　　　B. 告知义务

　　C. 赔付保险金　　　　　　　　D. 防止损失义务

3. 以下保险种类中，属于自愿保险的是（　　）。

　　A. 航空器机身险　　　　　　　B. 航空人身意外险

　　C. 承运人法定责任险　　　　　D. 第三人责任险

【思考题】

1. 什么是保险和航空保险？航空保险具有哪些特点？
2. 举例并描述航空保险的种类。
3. 试述民航保险理赔的原则和程序。
4. 民航保险争议如何解决？

案例分析

2002年5月7日20时37分，中国北方航空公司CJ6136航班，由北京返回大连途中，飞机在距离大连机场的东侧约20千米处，机长报告地面塔台指挥机舱内起火。21时24分，飞机与空管部门失去联络，并在雷达显示屏上消失。机上112人遇难（机上乘客103人，其中有7名外国籍旅客与机组人员）。

通过调查并周密核实，认定这次空难事故是由于乘客张某纵火造成的。事发当日，他乘机从北京返回大连，并在购买机票时，在中国太平洋人寿保险北京分公司等6家保险公司，为自己购买了7份航空旅客人身意外伤害保险。

12月7日，北京保险行业协会正式向张某的家属发出了《拒赔通知书》，通知书写道，"根据国务院5·7空难领导小组的调查结论，5·7空难是由张某纵火造成的，经审核认定，对张某投保的航空旅客人身意外伤害保险不予赔偿。"

思考：（1）保险公司拒赔是否合理？

（2）张某一人购买7份保险是否有效？

课后实训

梳理近年来国际国内主要空难事故

1. 实训目标

通过在网络或报纸杂志上查找近年来国际国内主要空难事故，通过比较，整理出不同的保险赔偿数额，得出体会。

2. 实训准备

分组训练，每组5～10人。

3. 实训时间

学习完民用航空保险法律制度后由学生课下分组完成，时间为一周，做完后可以利用1课时组织学生交流。

4. 实训办法

（1）小组成员召开会议，进行讨论与分工。

（2）采用多种方法查找相关的资料和案例，确保来源真实可靠有针对性。

（3）将查找的资料进行汇总整理。

5. 考核办法

每组派一位同学上台选取有代表性的案例进行观点陈述，表明自己的感想和看法。教师组织大家讨论，然后根据各组资料收集情况、课堂发言情况考核打分。

模块九
航空安保法律制度

知识目标

1. 掌握航空安保的概念；
2. 了解民航法的渊源以及发展历史；
3. 了解国际民航安保公约体系；
4. 熟悉我国民航安保法律法规体系；
5. 掌握《民用航空法》和《中华人民共和国刑法》中航空犯罪类型的相关规定。

技能目标

1. 能增强责任心，自觉遵守操作规程，严格执行工作规章制度，有效预防航空刑事案件的发生；
2. 能掌握治安防范主动权，对各种航空违法、犯罪行为采取积极、正确的应对策略；
3. 能运用"不引渡即起诉"原则，具体分析航空犯罪的刑事司法程序问题。

素质目标

1. 弘扬社会主义核心价值观，以"三个敬畏"为内核，保卫国家安全，打击违法犯罪；
2. 培养责任心和使命感。

模块九　航空安保法律制度

2001年9月11日上午,一架从波士顿起飞的美国联合航空公司波音767客机被恐怖分子劫持,并于美国东部时间8时46分撞击世贸中心北楼且引发大火。9时零3分,另一架被劫持的客机又撞向世贸中心南楼。9时47分,又一架被劫持客机撞击了国防部五角大楼,造成大楼一角坍塌。从10时到10时30分的半小时内,世贸中心两座被撞击的摩天大楼相继倒塌。

这一前所未有的恐怖袭击事件,震惊了美国和整个世界。

案例思考:"9·11"事件给世界人民带来的启示是什么?

民航法规与实务
Civil Aviation Regulations and Practices

单元一　航空安保法律概述

一、航空安保的概念

航空安全是为保证不发生与航空器运行有关的人员伤亡和航空器损坏等事故。航空安全主要包括飞行安全、航空地面安全和空防安全。

（1）飞行安全：防止在航空器运行期间发生由于飞行或其他原因造成的人员伤亡、航空器损坏等事故。

（2）航空地面安全：防止发生航空器损坏、旅客和地面人员伤亡及各种地面设施损坏事件。同时还包括飞机维护、装卸货物及服务用品、航空器加油等活动的安全，以及军用航空器武器、弹药安全等。

（3）空防安全：防止发生影响航空器正常运行和直接危及飞行安全的非法干扰活动，以及防止地面武器误射等。

根据国际民航组织 2006 年 7 月第 8 版《芝加哥公约》附件 17《保安——保护国际民用航空免遭非法干扰行为》的描述，航空安保是指为保护民用航空免受非法干扰行为而采取的措施和使用的人力、物力资源的总和。航空安保是为了防止对民用航空活动的非法干扰，维护民用航空秩序，保障民用航空安全。

震惊世界的"9·11"恐怖活动给全球民航业的发展带来巨大的灾难性打击，各国政府和民航当局十分重视对付恐怖主义的潜在威胁，纷纷采取强有力的措施，打击恶性非法干扰行为。

二、民用航空安保法律的渊源

航空安保作为商业航空运输产业发展的产物，是随着民用航空活动的发展而产生的。近几年，一些国家民用航空器还逐渐成为恐怖犯罪分子的作案目标。危害国际航空安全的犯罪行为不仅会直接严重侵害机上人员的人身和财产安全，引发人们对犯罪侵害的恐惧，还会破坏正常、稳定的国际航空运输秩序，阻碍国际间人员的正常交往和国际贸易的健康发展。为应对非法干扰民用航空的问题，建立国际性的航空安保规章制度，共同打击惩治危害航空安全的违法、犯罪行为已成为国际社会的共识。

民用航空安保法律是指为了预防和制止危害民航安全和秩序的违法犯罪行为，保障民航运输中的人员生命和财产安全，维护民航运输秩序而制定的各种法律文件的总和。民用航空安保法律的渊源分为国际法和国内法两部分。

1. 国际法渊源

从 20 世纪 60 年代起，面对日益猖獗的非法干扰民用航空的行为，国际民航组织先后组织召开了多次会议，商讨防范、惩治危害国际航空安全的犯罪行为，保证航空运输安全的对策。经过国际社会的共同努力，目前已初步形成了由《芝加哥公约》附件 17、《东京公约》《海牙公约》《蒙特利尔公约》《蒙特利尔公约议定书 1988、1991》五个公约所构成的国际航空安保法律体系。

2. 国内法渊源

近十几年来，随着中国民航业的飞速发展，中国已成为世界公认的民航大国。进一步改善航空安全，特别是从根本上加强航空安保立法已成为中国乃至全球航空界的共同目标和紧迫任务。

为了惩治、预防危害航空安全的犯罪行为，我国履行了作为《芝加哥公约》《东京公约》《海牙公约》和《蒙特利尔公约》及其补充议定书的缔约国的义务，遵守国际公约的规定。一方面自觉遵守国际民用航空公约督查实施航空安保目标和建议措施；另一方面，积极制定国内航空安保法律法规，将公约的相关内容转化为国内法，颁布了一系列有关航空安保的法律法规和规章，初步建立起国内航空安保法律体系并保证其在中华人民共和国境内的有效实施。

国内航空安保法律体系主要包括我国颁布的有关民用与航空的法律、我国颁布的其他法律中有关民用航空的法律规范、全国人大常务委员会在需要时就民用航空事项作出的决议和决定、国务院有关行政法规和民用航空主管机关的民用航空规章，以及关于民航法的立法、司法和行政解释等。

课堂小提示

这些法律法规和国际条约对民用航空安全具有重要的保障作用，对于同一切非法干扰民用航空的犯罪行为作斗争，坚决制止劫持航空器、破坏航空器或航行设施，干扰空中航行正常工作等行为的发生，以维护空中航行正常秩序，切实保障民用航空安全具有重要意义。

单元二　国际民航安保公约体系

随着人类航空活动的大量增加以及国际局势的演变，包括劫机在内的各种各样的航空犯罪事件也日益增多，通过国际立法来制止航空犯罪成为必然，从而导致了 20 世纪 60—70 年代四个著名国际公约的签订，即 1963 年东京《关于在航空器上犯罪及其他某些行为的公约》（通称《东京公约》）、1970 年海牙《制止非法劫持航空器公约》（通称《海牙公约》）、1971 年蒙特利尔《制止危害民用航空安全的非法行为公约》（通称《蒙特利尔公约》），还有 1988 年《蒙特利尔议定书》。以上四个文件就犯罪定义、适用范围、指控、逮捕、拘留、初步调查程序、起诉和引渡、惩戒犯罪、缔约国权利和责任，以及航空器机长权利都做了具体规定，是处理危害国际民用航空安全的国际法依据。

一、1963 年《东京公约》

《东京公约》全称《关于在航空器上犯罪和其他某些行为的公约》，1963 年 9 月 14 日签订于东京，已有 137 个国家参加，我国于 1978 年 11 月 14 日加入。

1. 适用范围

《东京公约》第一条规定，本公约适用于：违反刑法的罪行，危害或能危害航空器或其所载人员或财产的安全、或危害航空器上的良好秩序和纪律的行为，无论是否构成犯罪行为。

除《东京公约》第三章规定者外，本公约适用于在缔约一国登记的航空器内的犯罪或犯有行为的人，无论该航空器是在飞行中，在公海上，或在不属于任何国家领土的其他地区上。

航空器从其开动马力起飞到着陆冲程完毕这一时间，都应被认为是在飞行中。

2. 管辖权

管辖权通常是指一个国家在规定和实施其权利与义务，以及在管理自然人和法人的行为等方面的法律权力。国际法的一个重要问题就是准确划分国家间对某些问题的管辖权，从而维护一个国家的独立和主权平等。

刑事管辖权是指一个国家根据主权原则所享有的、对在其主权范围内所发生的一切犯罪进行起诉、审判和处罚的权力。刑事管辖权的行使事关国家主权，各国刑法对此都有明文规定。

关于非法干扰民用航空安全犯罪的国际条约在管辖权问题上，规定了对危害国际航空安全犯罪的普遍管辖权。各公约采取了并行管辖体系。各公约均规定，不排除依本国法行使的任何刑事管辖权。同时，各公约规定了各自的刑事管辖范围。

《东京公约》第三条规定，航空器登记国有权对在该航空器内的犯罪和所犯行为行使管辖权。缔约国应采取必要的措施，对在该国登记的航空器内的犯罪和行为，规定其作为登记国的管辖权。本公约不排斥根据本国法行使刑事管辖权。

《东京公约》第四条规定，非登记国的缔约国除下列情况外，不得对飞行中的航空器进行干预以对航空器内的犯罪行使其刑事管辖权。

（1）该犯罪行为在该国领土上发生后果；

（2）犯人或受害人为该国国民或在该国有永久居所；

(3) 该犯罪行为危及该国的安全；
(4) 该犯罪行为违反该国现行的有关航空器飞行或驾驶的规定或规则；
(5) 该国必须行使管辖权，以确保该国根据某项多边国际协定，遵守其所承担的义务。

> **知识链接**
>
> **刑事管辖原则**
>
> 刑事管辖原则是指刑法对地和对人的效力，也就是解决一个国家的刑事管辖权的问题。由于各国社会政治情况和历史传统习惯的差异，在解决刑事管辖权范围问题上所主张的原则不尽相同。一般而言，刑事管辖具有以下原则：
>
> （1）属地原则。属地原则以地域为标准，凡是在本国领域内犯罪，无论是本国人还是外国人，都适用本国刑法；反之，在本国领域外犯罪，都不适用本国刑法。
>
> （2）属人原则。属人原则以人的国籍为标准，凡是本国人犯罪，无论是在本国领域内还是在本国领域外，都适用本国刑法。
>
> （3）保护原则。保护原则以保护本国利益为标准，凡侵害本国国家或者公民利益的，无论犯罪人是本国人还是外国人，也无论犯罪地在本国领域内还是在本国领域外，都适用本国刑法。
>
> （4）普遍原则。普遍原则以保护各国的共同利益为标准，凡发生国际条约所规定的侵害各国共同利益的犯罪，无论犯罪人是本国人还是外国人，也无论犯罪地在本国领域内还是在本国领域外，都适用本国刑法。

3. 机长的权力

航空器从装载结束、机舱外部各门关闭时开始直至打开任一机舱门以便卸载时为止的任何时候，应被认为是在飞行中。航空器强迫降落时，直至一国主管当局接管该航空器及其所载人员和财产时为止。

（1）治安权力。机长有正当理由认为某人在航空器上已犯或行将实施公约所指的罪行或行为时，可对此人采取合理的措施，包括必要的管束措施，以便保证航空器、所载人员或财产的安全；维持机上的良好秩序和纪律；根据公约的规定将此人交付主管当局或使他离开航空器。

机长可以要求或授权机组其他成员给予协助，并可以请求或授权但不能强求旅客给予协助，来管束他有权管束的任何人。任何机组成员或旅客在他有理由认为必须立即采取此项行动以保证航空器或所载人员或财产的安全时，未经授权，同样可以采取合理的预防措施。

按照规定对一人所采取的管束措施，除下列情形外，不得在航空器降落后以外的任何地点继续执行：

1）此降落地点是在一非缔约国的领土上，而该国当局不准许此人离开航空器，或者已经按照规定对此人采取了措施，以便将此人移交主管当局；

2）航空器强迫降落，而机长不能将此人移交给主管当局；

3）此人同意在继续受管束下被运往更远的地方。

机长应尽快并在可能时，在载有按规定受管束措施的人的航空器在一国领土上降落前，将该航空器载有一个受管束措施的人的事实及其理由，通知该国当局。

（2）使某人下机权。机长有正当理由认为某人在航空器内已犯或行将实施公约所指的行为时，可在航空器降落的任何国家的领土上使该人离开航空器。机长按照规定使一人在某国领土内离开航空器时，应将此离开航空器的事实和理由报告该国当局。

（3）移交案犯权。机长如果有正当理由认为，任何人在航空器内犯了他认为按照航空器登记国刑法是严重的罪行时，他可将该人移交给航空器降落地任何缔约国的主管当局。机长按照规定，拟将航空器内的一人移交给缔约国时，应尽快，并在可能时，在载有该人的航空器降落于该国领土前，将他要移交此人的意图和理由通知该国当局。将嫌疑人移交当局时，应将其按航空器登记国法律合法地占有的证据和情报提供该当局。

（4）免除责任权。对于根据本公约所采取的措施，无论航空器机长、机组其他成员、旅客、航空器所有人或经营人，或本次飞行是为其他利益而进行的人，在因遭受这些措施而提起的诉讼中，概不负责。

> **课堂小提示**
>
> 尽管有这条保护措施，机长仍应注意犯罪的事实、行为的轻重、采取行动的必要与合理、证据的提供与保存，同时不能伤及第三者。否则，就不能免除责任。

4. 国家的权力和义务

缔约各国应允许在另一缔约国登记的航空器的机长按照公约的规定使任何人离开航空器。缔约各国应接受航空器机长按照公约的规定移交给它的人。

如果缔约各国在认为情况需要时，应立即采取拘留或其他措施以保证被怀疑为曾犯了公约所指的行为的人以及被移交给它的人仍在境内。采取拘留和其他措施必须符合该国法律规定，而且只有在为了进行刑事追诉或引渡罪犯程序所必要的期间内，才可维持这些措施。对根据规定予以拘留的人在其立即与其本国最近的合格代表进行联系时，应予以协助。

任何缔约国，在接受按照公约的规定移交给它的人时，或发生公约所指的犯法行为后航空器在其领土上降落时，应立即进行初步调查，以弄清事实。当一缔约国按照公约规定将一人拘留时，应立即将拘留该人和必须对其进行拘留的情况通知航空器登记国和被拘留人的本国，如果认为适当，并通知其他有关国家。按照公约规定进行初步调查的国家，应迅速将调查的结论通知上述各国，并说明它是否意欲行使管辖权。

按照公约规定离开航空器的人，或依照公约规定被移交的人，或在犯了公约所指的犯法行为后离开航空器的人，当其不能或不愿意继续旅行，而航空器降落国又拒绝接受他时，若此人不是该国的国民或在该国无永久住所，该国可以将该人送返到他的本国去，或到此人有永久住所的国家去，或到此人开始空中旅行的国家去。

无论是离开航空器、移交、或公约规定的拘留或其他措施，以及当事人的遣返，就缔约国关于人员入境或许可入境的法律而言，均不应视为是允许进入该缔约国的领土。本公约的规定应不影响缔约国关于驱逐人的法律。在不影响公约的条件下，按照公约的规定离开航空器，或按照公约的规定被移交，或在犯了公约所指的犯法行为后离开航空器的任何人，在他意欲继续其旅行时，得尽速前往其选择的目的地，除非航空器降落国法律为了刑事追诉或引渡而需要他留在境内。

二、1970年《海牙公约》

由于1963年《东京公约》没有以劫持民用航空器为主要调整对象，也没有对空中劫持下定义，因此，它不可能解决劫机所产生的许多问题。随着劫机案的增加和危害程度加大，劫机事件引起了国际社会的广泛关注，世界各国迫切需要制定一个能有效惩治劫机犯罪的国际公约。考虑到非法劫持或控制飞行中的航空器的行为危及人身和财产的安全，严重影响航班的经营，并损害世界人民对民用航空安全的信任；考虑到发生这些行为是令人严重关切的事情；考虑到为了防止这类行为，迫切需要规定适当的措施以惩罚罪犯。于是，在美国的倡议下，1970年12月6日，国际民航组织在荷兰的海牙召开了国际航空法外交会议，讨论有关空中劫持飞机的问题，有76个国家参加。1980年10月10日，我国政府正式加入《海牙公约》。

1. 适用范围

（1）犯罪构成。凡在飞行中的航空器内的任何人：用暴力或用暴力威胁，或用任何其他恐吓方式，非法劫持或控制该航空器，或企图从事任何这种行为，或是从事或企图从事任何这种行为的人的同犯，即是犯有罪行。

（2）飞行中。

1）航空器从装载完毕、机舱外部各门均已关闭时起，直至打开任一机舱门以便卸载时为止。

2）航空器强迫降落时，在主管当局接管对该航空器及其所载人员和财产的责任前。

（3）国际性质。本公约仅适用于在其内发生罪行的航空器的起飞地点或实际降落地点是在该航空器登记国领土以外，无论该航空器是从事国际飞行或国内飞行。

2. 管辖权

在下列情况下，各缔约国应采取必要措施，对罪行和对被指称的罪犯对旅客或机组所犯的同该罪行有关的任何其他暴力行为，实施管辖权：

（1）罪行是在该国登记的航空器内发生的；

（2）在其内发生罪行的航空器在该国降落时被指称的罪犯仍在该航空器内；

（3）罪行是在租来时不带机组的航空器内发生的，而承租人的主要营业地，或如承租人没有这种营业地，则其永久居所是在该国。

当被指称的罪犯在缔约国领土内，而该国未按公约的规定将此人引渡给公约所指的任一国家时，该缔约国应同样采取必要措施，对这种罪行实施管辖权。本公约不排斥根据本国法行使任何刑事管辖权。

3. 引渡和起诉

如缔约各国成立航空运输联营组织或国际经营机构，而其使用的航空器需进行联合登记或国际登记时，则这些缔约国应通过适当方法在它们之间为每一航空器指定一个国家，该国为本公约的目的，应行使管辖权并具有登记国的性质，并应将此项指定通知国际民用航空组织，由该组织将上述通知转告本公约所有缔约国。

罪犯或被指称的罪犯所在的任一缔约国在判明情况有此需要时，应将该人拘留或采取其他措施以保证该人留在境内。这种拘留和其他措施应符合该国的法律规定，但是只有在为了提出刑事诉讼或引渡程序所必要的期间内，才可继续保持这些措施。该国应立即对事实进行初步调查。对根据规定予以拘留的任何人应向其提供协助，以便其立即与其本国最近的合格代表联系。当一国根据公约规定将某人拘留时，它应将拘留该人和应予拘留的情况立即通知航空器登记国、公约所指国家和被拘留人的国籍所属国，如果认为适当，并通知其他有关国家。按照公约规定进行初步调查的国家，应尽快将调查结果通知上述各国，并说明它是否意欲行使管辖权。

在其境内发现被指称的罪犯的缔约国，如不将此人引渡，则无论罪行是否在其境内发生，应无例外地将此案件提交其主管当局以便起诉。该当局应按照本国法律以对待任何严重性质的普通罪行案件的同样方式作出决定。前述罪行应看作包括在缔约各

模块九 航空安保法律制度

国间现有引渡条约中的一种可引渡的罪行。缔约各国承允将此种罪行作为一种可引渡的罪行列入它们之间将要缔结的每一项引渡条约中。如一缔约国规定只有在订有引渡条约的条件下才可以引渡,而当该缔约国接到未与其订有引渡条约的另一缔约国的引渡要求时,可以自行决定认为本公约是对该罪行进行引渡的法律根据。引渡应遵照被要求国法律规定的其他条件。

缔约各国如没有规定只有在订有引渡条约时才可引渡,则在遵照被要求国法律规定的条件下,承认上述罪行是它们之间可引渡的罪行。为在缔约各国间的引渡的目的,罪行应看作不仅是发生在所发生的地点,而且也是发生在根据公约要求实施其管辖权的国家领土上。

知识链接

引渡的基本原则

引渡是指一国把在该国境内而被他国指控为犯罪或已被他国判刑的人,根据有关国家的请求移交给请求国审判或处罚。引渡制度是一项国际司法协助的重要制度,也是国家有效行使管辖权和制裁犯罪的重要保障。引渡包括以下基本原则:

(1) 双重犯罪原则:是指被请求引渡人的行为,必须是请求国和被请求国都认为是犯罪,并可以起诉的行为,反之,则不能引渡。

(2) 罪名特定原则:又称同一原则,是指请求国在将被引渡的人引渡回国后,必须以请求引渡时所持罪名审判或惩处,不得以不同于引渡罪名的其他罪行进行审判或惩处。

(3) 政治犯不引渡原则。

(4) 本国国民不引渡原则。

4. 机长的权力

(1) 当公约所指的任何行为已经发生或行将发生时,缔约各国应采取一切适当措施以恢复或维护机长对航空器的合法控制。

(2) 航空器或其旅客或机组所在的任何缔约国应对旅客和机组继续其旅行尽速提供方便,并应将航空器和所载货物不迟延地交还给合法的所有人。

5. 国家的权力和义务

缔约各国对公约所指罪行和其他行为提出的刑事诉讼,应相互给予最大程度的协助。在任何情况下,都应适用被要求国的法律。公约的规定,不应影响因任何其他双

边或多边条约在刑事问题上全部地或部分地规定或将规定的相互协助而承担的义务。

各缔约国应遵照其本国法尽快地向国际民用航空组织理事会就下列各项报告它所掌握的任何有关情况：

（1）犯罪的情况；

（2）根据公约规定采取的行动；

（3）对罪犯或被指称的罪犯所采取的措施，特别是任何引渡程序或其他法律程序的结果。

如两个或几个缔约国之间对本公约的解释或应用发生争端而不能以谈判解决时，经其中一方的要求，应交付仲裁。如果在要求仲裁之日起六个月内，当事国对仲裁的组成不能达成协议，任何一方可按照国际法院规约，要求将争端提交国际法院。

每个国家在签字、批准或加入本公约时，可以声明该国不受前款规定的约束。其他缔约国对于任何作出这种保留的缔约国，也不受前款规定的约束。按照公约规定作出保留的任何缔约国，可以在任何时候通知保存国政府撤销这一保留。

三、1971 年《蒙特利尔公约》

为了进一步防止危害民用航空安全的各种非法行为，包括对机场地面设施实施的暴力行为，惩处毁坏飞行及航行设备等危害飞行安全的行为，国际民航组织法律委员会于 1971 年 9 月 8 日在加拿大蒙特利尔国际民航组织总部所在地举行了由 60 个国家参加的外交会议，讨论并通过了《制止危害民用航空安全的非法行为公约》，简称《蒙特利尔公约》。该公约在《海牙公约》的基础上，进一步对防止危害干涉、破坏和损坏民用航空安全的各种非法行为作出规定。1980 年 10 月 10 日，我国政府正式加入《蒙特利尔公约》。

1. 危害民用航空安全的行为种类

任何人如果非法地和故意地从事下述行为，即是犯有罪行：

（1）对飞行中的航空器内的人从事暴力行为，如该行为将会危及该航空器的安全；

（2）破坏使用中的航空器或对该航空器造成损坏，使其不能飞行或将会危及其飞行安全；

（3）用任何方法在使用中的航空器内放置或使别人放置一种将会破坏该航空器或对其造成损坏使其不能飞行或对其造成损坏而将会危及其飞行安全的装置或物质；

（4）破坏或损坏航行设备或妨碍其工作，如任何此种行为将会危及飞行中航空器的安全；

（5）传送他明知是虚假的情报，从而危及飞行中的航空器的安全；

(6) 企图犯 (1) ~ (5) 项所指的任何罪行；
(7) 是犯有或企图犯有 (1) ~ (5) 项罪行的人的同犯。

2. 适用范围

(1) 在飞行中：航空器从装载完毕、机舱外部各门均已关闭时起，直至打开任一机舱门以便卸载时为止，应被认为是在飞行中；航空器强迫降落时，在主当局接管对该航空器及其所载人员和财产的责任前，应被认为仍在飞行中。

(2) 在使用中：从地面人员或机组为某一特定飞行而对航空器进行飞行前的准备时起，直到降落后二十四小时止，该航空器应被认为是在使用中；在任何情况下，使用的期间应包括 (1) 项所规定的航空器是在飞行中的整个时间。

(3) 国际性质：无论航空器是从事国际飞行或国内飞行，只要航空器的实际或预定起飞或降落地点是在该航空器登记国领土以外，或罪行是在该航空器登记国以外的一国领土内发生的。如罪犯或被指称的罪犯是在该航空器登记国以外的一国领土内被发现，则本公约也应适用。

3. 管辖权

在下列情况下，各缔约国应采取必要措施，对罪行实施管辖权：

(1) 罪行是在该国领土内发生的；

(2) 罪行是针对在该国登记的航空器，或在该航空器内发生的；

(3) 在其内发生犯罪行为的航空器在该国降落时被指称的罪犯仍在航空器内；

(4) 罪行是针对租来时不带机组的航空器，或是在该航空器内发生的，而承租人的主要营业地，或如承租人没有这种营业地，则其永久居所是在该国。

当被指称的罪犯在缔约国领土内，而该国未按公约的规定将此人引渡给公约所指的任一国家时，该缔约国应同样采取必要措施，对公约所指的罪行，以及对公约所列与这些款项有关的罪行实施管辖权。

课堂小提示

本公约不排斥根据本国法行使任何刑事管辖权。

4. 引渡和起诉、国家的权利和义务

引渡和起诉，以及缔约各国的权利和义务的相关规定同《海牙公约》中的有关规定。

四、1988 年《蒙特利尔议定书》

鉴于袭击国际机场的事件时有发生，1988 年 2 月 9 日，国际民航组织在蒙特利尔召开了由 81 个国家参加的航空法会议,讨论并通过了《补充 1971 年蒙特利尔公约的议定书》。

该议定书补充 1971 年《蒙特利尔公约》,弥补了《蒙特利尔公约》适用范围中留下的重大缺口,将《蒙特利尔公约》的犯罪定义增加了两条:"任何人使用一种装置、物质或武器,非法地、故意地作出下列行为,即为犯罪。①在用于国际民用航空器的机场内,对人实施暴力行为,造成或足以造成重伤或死亡者;②毁坏或严重损害用于国际民用航空的机场设备或停在机场上不在使用中的航空器,或者中断机场服务以至危及或足以危及机场安全者。"

该议定书其余内容同 1971 年《蒙特利尔公约》。

我国第九届全国人民代表大会常务委员会第五次会议决定:批准《制止在用于国际民用航空的机场发生的非法暴力行为以补充 1971 年 9 月 23 日订于蒙特利尔的制止危害民用航空安全的非法行为的公约的议定书》,同时声明:我国在加入《制止危害民用航空安全的非法行为的公约》时对该公约第十四条第一款所作的保留同样适用于该议定书。

五、后"9·11"时期公约体系的发展

1.《北京公约》《北京议定书》的制定

"9·11"的悲剧揭露了国际航空法体系中一些漏洞和弊端,并且促进了《北京公约》及《北京议定书》的制定和采纳。

2010 年 8 月 30 日至 9 月 10 日,国际民航组织在北京举行了航空保安外交会议,目的是更新《制止与国际民用航空有关的非法行为的公约》(1971 年《蒙特利尔公约》)、《于 1971 年 9 月 23 日在蒙特利尔缔结的关于制止危害民用航空安全的非法行为的公约的制止在为国际民用航空服务的机场上的非法暴力行为的补充议定书》(1988 年《蒙特利尔议定书》)和《制止非法劫持航空器公约》(1970 年《海牙公约》)。共有来自 76 个国家的代表和 4 个国际组织的观察员与会。大会通过了"制止与国际民用航空有关的非法行为"的《北京公约》和"制止非法劫持航空器公约的补充议定书"《北京议定书》。

《北京公约》和《北京议定书》将使用民用航空器作为武器,和使用危险材料攻击航空器或其他地面目标定为犯罪行为。在新的条约下,非法运输生物、化学和核武器及其相关材料,被定为应受惩罚的行为。此外,还专门涵盖了条约范围内的犯罪行为的指挥者和组织者的刑事责任。规定了威胁施行条约范围内的犯罪行为,如果情况表明该威胁是可信的话,也会引起刑事责任。在特定情况下,同意或协助犯罪行为,而无论该犯罪是否实际实施与否,也可能受到惩罚。这些条约更新了条款,以促进各国合作打击针对民用航空的非法行为。

迄今为止已有 20 个国家签署了《北京公约》，有 22 个国家签署了《北京议定书》。

2.《芝加哥公约》附件 17 的修订

"9·11"恐怖事件后，为应对当前航空恐怖威胁，国际民航组织大会承诺，将敦促理事会优先通过有关预防威胁国际民用航空安全、预防非法干扰行为等有效措施，不断更新《芝加哥公约》附件 17 的国际标准和建议措施。鉴于"9·11"恐怖事件异于以往国际间对恐怖攻击行为的方式带给民用航空的挑战，国际民航组织于 2002 年 6 月重新检讨相关规范，大幅修订了《芝加哥公约》附件 17。

在 2010 年 11 月 17 日国际民航组织第 191 届理事会第 2 次会议上，全票通过了《芝加哥公约》附件 17 的第 12 次修订。该修订于 2011 年 7 月 1 日开始生效。如果缔约国不能满足修订的要求，必须向国际民航组织提交差异通知。修订主要增加了"机上保安员的定义"和"已知托运人"的定义；要求缔约国建立和实施保安培训大纲和教员资格认证系统；对进入保安限制区的工作人员进行 100% 的安全检查；新增空中交通服务提供者应建立和执行保安规定；对过站飞机旅客机上遗留物品的处理；建立供应链的检查；对货物和邮件的检查以及新增加的防止网络威胁等新的标准与建议措施，从而提高了航空保安的标准。

《芝加哥公约》附件 17 的多次修订进一步澄清了标准和建议措施现行措辞的规定，以便各缔约国对其作出相同解释和方便其根据国际民航组织普遍保安审计计划接受审计。这些修订进一步强化了航空保安的国际技术标准，对于推进国际航空保安公约的现代化具有重要意义。

3.《东京公约》修订工作

近年来，妨害民用航空安全的不循规旅客频频出现，极大地破坏了良好的航空秩序，阻碍了民航业的高速发展。然而，由于规范机上危险行为的《东京公约》并未对其行为的方式、管辖、惩治作出明确规定，致使各国对不循规旅客的防范工作难以开展。

经数年努力，2014 年 4 月在国际民航组织主持召开的国际航空法外交会议上审议通过了修订 1963 年《东京公约》的《蒙特利尔议定书》的决议。该议定书在适用范围规则、刑事管辖权规则与飞行安保员规则等三方面对《东京公约》作出重要变更。

> **知识链接**
>
> **不循规旅客行为种类的规范**
>
> （1）特别强调两类：是对机组成员实施人身攻击或威胁实施此种攻击；

二是拒绝遵守机长或以机长名义为保护航空器或机上人员或财产之目的发出的合法指令。

（2）不影响各缔约国为惩处机上所犯不循规和扰乱性行为而在其本国立法制定适当措施的权利。

《东京公约》规定，本公约适用于：违反刑法的罪行；危害或能危害航空器或其所载人员或财产的安全、或危害航空器上的良好秩序和纪律的行为，无论是否构成犯罪行为。

案例

1983 年卓长仁劫机案

1983 年 5 月 5 日，从沈阳机场载客 105 名飞往上海的中国民航班机 296 号，自沈阳东塔机场起飞后，被机上乘客卓长仁、姜洪军、安卫建、王彦大、高东萍和吴云飞 6 名持枪歹徒采用暴力和威胁的方式劫持。他们用枪射击驾驶舱门锁，破门闯入驾驶舱后，对舱内人员射击，将报务员王永昌和领航员王培富击成重伤；威逼机长王仪轩和副驾驶员和长林改变航向，并用枪顶住机长的头，威胁乘客要与全机同归于尽；还强行乱推驾驶杆，使飞机颠簸倾斜、忽高忽低（最低高度为离地 600 米）地飞行，严重危及飞机和全机人员的安全。飞机被迫在我国渤海湾、沈阳、大连和丹东的上空盘旋后飞经朝鲜民主主义人民共和国后飞入韩国领空，被韩国四架鬼怪式战斗机拦截，迫降在该国的春川军用机场。飞机降落后，罪犯们又控制了飞机和机上人员达 8 个小时之久。最后，他们向韩国当局缴械并被拘留。

事发后，韩国有关当局对事实进行了调查，并迅速将情况通知了中国政府和国际民用航空组织理事会。

中国外交部接到通知后，向韩国提出请求，要求按照有关国际条约的规定，立即将被劫持的航空器以及机组人员、乘客交给中国民航当局，并将劫机罪犯引渡给中国处理。国际民用航空组织致电韩国当局，表示对中国民航 296 号班机被非法劫持一事的密切关注，并希望韩国将不遗余力地安全交还乘客、机组人员和飞机，按国际民用航空组织大会的决议和韩国参加的 1970 年《关于制止非法劫持航空器的公约》的规定，对劫机罪犯予以惩处。

模块九　航空安保法律制度

随后，经韩国民航局局长金彻荣的同意，中国民航局局长沈图率民航工作组于1983年5月7日赴汉城（今首尔）协商处理这一事件。经与韩国代表谈判，签署了一份关于交还乘客、机组人员和飞机问题的备忘录。按备忘录规定，被劫持的飞机上的乘客，除3名日本乘客回日本外，其余中国乘客和机组人员都先后返回中国。被劫持的飞机经韩国有关部门做了技术检修后归还给中国。

对于劫机罪犯的处理，韩国拒绝了中国的引渡要求，而坚持由其自行决定进行审讯和实施法律制裁。1983年6月1日，韩国汉城地方检察院以违反韩国《航空安全法》《移民管制法》和《武器及爆炸物品管制法》为由，对6名劫机罪犯提起诉讼。7月18日，汉城地方刑事法院开始审判。经审理后，法院作出判决：判处卓长仁、姜洪军有期徒刑6年，安卫建、王彦大有期徒刑4年，吴云飞和高东萍有期徒刑2年。

单元三　我国民航安保法律体系

我国民航安保法律体系是分层次的。这些规范由法律、法规、规章、规范性文件四个层次构成。其中，法律主要有《中华人民共和国刑法》（以下简称《刑法》）、《民用航空法》《中华人民共和国治安管理处罚法》（以下简称《治安管理处罚法》），法规主要有《中华人民共和国民用航空安全保卫条例》（以下简称《民用航空安全保卫条例》）等，部门规章主要有《民用航空安全检查规则》等。

一、《刑法》《民用航空法》有关安保工作的规定

（一）危害民用航空安全的犯罪

1. 劫持航空器罪

劫持航空器罪是指以暴力、胁迫或者其他方法劫持航空器，危害公共安全的行为。《民用航空法》第一百九十一条规定：以暴力、胁迫或者其他方法劫持航空器的，依照刑法有关规定追究刑事责任。

对于该罪的处罚，《刑法》第一百二十一条规定：以暴力、胁迫或者其他方法劫持航空器的，处十年以上有期徒刑或者无期徒刑；致人重伤、死亡或者使航空器遭受严重破坏的，处死刑。《刑法》对该罪没有规定"情节"方面的要求，只要行为人实施

了以暴力、胁迫或者其他方法劫持航空器的行为，无论航空器是否真的被挟持，是否造成人员伤亡或者航空器被损坏的严重后果，均构成犯罪，应当立案追究。

案例

北方航空 CJ6621 航班劫机案

2002 年 4 月 17 日，北方航空公司大连—沈阳—延吉的 CJ6621 航班，飞机起飞 10 分钟后坐在机舱内 16 排 B 座的许文忠突然起身，用左手搂住正在为他人服务的乘务员许某，同时用右手所持的卡锁刀逼在其胸前，口中高喊劫机。机上乘客和空中安全员随即将许文忠制服。飞机于当日 17 时 56 分安全降落在沈阳桃仙国际机场。

许文忠 2001 年与妻子离婚后，四岁大的女儿归妻子抚养。因找不到工作，心情比较苦闷。2002 年 4 月接女儿去沈阳玩，上飞机后，许文忠脑子一热，企图劫机出国。最后被判以暴力胁迫劫持航空器罪。

2. 暴力危及飞行安全罪

暴力危及飞行安全罪是指对飞行中的航空器上的人员使用暴力，危及飞行安全的行为。该罪侵犯的客体是公共安全，即不特定多数人的生命、健康和重大公私财物安全。犯罪分子利用航空飞行的危险性和易受侵犯性，为达到犯罪目的，不惜以机组人员、乘客、重大公私财物的安全为代价。

《民用航空法》第一百九十二条规定：对飞行中的民用航空器上的人员使用暴力，危及飞行安全的，依照刑法有关规定追究刑事责任。对于该罪的处罚，《刑法》第一百二十三条规定：对飞行中的航空器上的人员使用暴力，危及飞行安全，尚未造成严重后果的，处五年以下有期徒刑或者拘役；造成严重后果的，处五年以上有期徒刑。

知识链接

暴力危及飞行安全罪与劫持航空器罪的界限

暴力危及飞行安全罪与劫持航空器罪侵犯的都是航空器的飞行安全，且一般都是在飞行中的航空器内实施的。两者的主要区别如下：

（1）主观方面不同。劫持航空器罪的犯罪行为人对航空器上的人员使用暴力，其目的在于劫持航空器；暴力危及飞行安全罪的犯罪行为人对正在飞行中的航空器上的人员使用暴力，只有危及民用航空器飞行安全的故意，而无劫持航空器的故意和目的。

（2）客观方面表现不同。暴力危及飞行安全罪的犯罪行为人是对正在飞行中的航空器上的人员使用暴力，其犯罪行为只能发生在正在飞行中的航空器内，犯罪对象是航空器上的人员，犯罪手段仅限于暴力；而劫持航空器罪的犯罪行为人是对正在使用中或正在飞行中的航空器本身和机上人员使用暴力、胁迫或其他方法，其包括正在使用中如停机待用的航空器，犯罪对象包括对航空器本身和机上人员，犯罪手段也不限于暴力。

（3）构成犯罪的要求不同。暴力危及飞行安全罪的犯罪行为人对正在飞行中的航空器上的人员使用暴力，必须危及飞行安全；劫持航空器罪的犯罪行为人只要实施了劫持行为即构成犯罪。当然，如果行为人出于劫持航空器的目的，对正在飞行中的航空器上的人员如驾驶员使用暴力，危及飞行安全的，则是一行为同时触犯两个罪名，属于想象竞合犯，即对正在飞行中的航空器上的人员使用暴力的行为，既触犯了暴力危及飞行安全罪的罪名，又触犯了劫持航空器罪的罪名，属于想象竞合犯，应从一重罪即劫持航空器罪论处。

3. 破坏航空器罪

破坏航空器罪是指故意在使用中的民用航空器上放置或唆使他人放置危险品，足以毁坏该民用航空器、危及飞行安全的行为。《民用航空法》第一百九十五条规定：故意在使用中的民用航空器上放置危险品或者唆使他人放置危险品，足以毁坏该民用航空器，危及飞行安全的，依照刑法有关规定追究刑事责任。

《刑法》第一百一十六条规定：破坏火车、汽车、电车、船只、航空器，足以使火车、汽车、电车、船只、航空器发生倾覆、毁坏危险，尚未造成严重后果的，处三年以上十年以下有期徒刑。

4. 破坏航空设施罪

破坏航空设施罪是指盗窃或者故意损毁、移动航行设施，危及飞行安全，足以使民用航空器发生坠落、毁坏危险的行为。《民用航空法》第一百九十七条规定：盗窃或者故意损毁、移动使用中的航行设施，危及飞行安全，足以使民用航空器发生坠落、毁坏危险的，依照刑法有关规定追究刑事责任。

《刑法》第一百一十七条规定：破坏轨道、桥梁、隧道、公路、机场、航道、灯塔、标志或者进行其他破坏活动，足以使火车、汽车、电车、船只、航空器发生颠

覆、毁坏危险，尚未造成严重后果的，处三年以上十年以下有期徒刑。

5. 非法携带或运输违禁物品罪

非法携带或运输违禁物品罪是指旅客非法携带违禁物品乘坐航空器，或旅客、企事业单位以非危险品名义托运危险品的行为。其主要特征：主观方面是故意；客观方面是违反了民用航空法的规定。一般包括3种情况：隐匿携带炸药、雷管或者其他危险品乘坐民用航空器；以非危险品品名托运危险品；隐匿携带枪支子弹、管制刀具乘坐民航飞机。

《民用航空法》第一百九十三条规定：隐匿携带炸药、雷管或者其他危险品乘坐民用航空器，或者以非危险品品名托运危险品的，依照刑法有关规定追究刑事责任。企业事业单位犯前款罪的，判处罚金，并对直接负责的主管人员和其他直接责任人员依照前款规定追究刑事责任。隐匿携带枪支子弹、管制刀具乘坐民用航空器的，依照刑法有关规定追究刑事责任。

《刑法》第一百三十条规定：非法携带枪支、弹药、管制刀具或者爆炸性、易燃性、放射性、毒害性、腐蚀性物品，进入公共场所或者公共交通工具，危及公共安全，情节严重的，处三年以下有期徒刑、拘役或者管制。

6. 违反危险品航空运输规定重大事故罪

违反危险品航空运输规定重大事故罪是指公共航空运输业违反规定运输危险品，发生重大事故的行为。

《民用航空法》第一百九十四条规定：公共航空运输企业违反本法第一百零一条的规定运输危险品的，由国务院民用航空主管部门没收违法所得，可以并处违法所得一倍以下的罚款；导致发生重大事故的，没收违法所得，判处罚金，并对直接负责的主管人员和其他直接责任人员依照刑法有关规定追究刑事责任。

（二）妨碍民用航空管理秩序的犯罪

1. 聚众扰乱民用机场秩序罪

聚众扰乱民用机场秩序罪是指纠集多人扰乱民用机场正常秩序，致使机场无法运营的行为。

《民用航空法》第一百九十八条规定：聚众扰乱民用机场秩序的，依照刑法有关规定追究刑事责任。

《刑法》第二百九十一条规定：聚众扰乱车站、码头、民用航空站、商场、公园、影剧院、展览会、运动场或者其他公共场所秩序，聚众堵塞交通或者破坏交通秩序，抗拒、阻碍国家治安管理工作人员依法执行职务，情节严重的，对首要分子，处五年以下有期徒刑、拘役或者管制。

2. 传递虚假情报扰乱正常飞行秩序罪

传递虚假情报扰乱正常飞行秩序罪是指故意传递虚假情报，扰乱正常飞行秩序，使公私财产遭受重大损失、造成严重政治影响的行为。

《民用航空法》第一百九十六条规定：故意传递虚假情报，扰乱正常飞行秩序，使公私财产遭受重大损失的，依照刑法有关规定追究刑事责任。

《刑法》第二百九十一条之一规定：明知是编造的恐怖信息而故意传播，严重扰乱社会秩序的，处五年以下有期徒刑、拘役或者管制；造成严重后果的，处五年以上有期徒刑。

拓展阅读：航空安全保卫案例

> **课堂小提示**
>
> 《民用航空法》第二百条规定：违反本法规定，尚不够刑事处罚，应当给予治安管理处罚的，依照治安管理处罚法的规定处罚。

二、《治安管理处罚法》有关安保工作的规定

1. 扰乱机场秩序、客舱秩序的行为

有下列行为之一的，处警告或者200元以下罚款；情节较重的，处5日以上10日以下拘留，可以并处500元以下罚款：

（1）扰乱车站、港口、码头、机场、商场、公园、展览馆或者其他公共场所秩序的；

（2）扰乱公共汽车、电车、火车、船舶、航空器或者其他公共交通工具上的秩序的；

（3）非法拦截或者强登、扒乘机动车、船舶、航空器以及其他交通工具，影响交通工具正常行驶的。

有下列行为之一的，处5日以上10日以下拘留，可以并处500元以下罚款；情节较轻的，处5日以下拘留或者500元以下罚款：

（1）散布谣言，谎报险情、疫情、警情或者以其他方法故意扰乱公共秩序的；

（2）投放虚假的爆炸性、毒害性、放射性、腐蚀性物质或者传染病病原体等危险物质扰乱公共秩序的；

（3）扬言实施放火、爆炸、投放危险物质扰乱公共秩序的。

2. 妨碍公共安全的行为

（1）携带管制器具进入机场。本法第三十二条规定：非法携带枪支、弹药或者弩、匕首等国家规定的管制器具进入公共场所或者公共交通工具的，处 5 日以上 10 日以下拘留，可以并处 500 元以下罚款。

（2）盗窃、损坏、擅自移动航空设施、强闯驾驶舱。本法第三十四条规定：盗窃、损坏、擅自移动使用中的航空设施，或者强行进入航空器驾驶舱的，处 10 日以上 15 日以下拘留。

（3）使用可能影响导航的器具、工具。本法第三十四条规定：在使用中的航空器上使用可能影响导航系统正常功能的器具、工具，不听劝阻的，处 5 日以下拘留或者 500 元以下罚款。

三、《民用航空安全保卫条例》主要内容

为了防止对民用航空活动的非法干扰，维护民用航空秩序，保障民用航空安全，制定了《民用航空安全保卫条例》。该条例于 1996 年 7 月 6 日中华人民共和国国务院令第 201 号发布，根据 2011 年 1 月 8 日《国务院关于废止和修改部分行政法规的决定》而修订。

（一）总则

（1）本条例适用于在中华人民共和国领域内的一切民用航空活动，以及与民用航空活动有关的单位和个人。在中华人民共和国领域外从事民用航空活动的具有中华人民共和国国籍的民用航空器适用本条例；但是，中华人民共和国缔结或者参加的国际条约另有规定的除外。

（2）民用航空安全保卫工作实行统一管理、分工负责的原则。民用航空公安机关（以下简称民航公安机关）负责对民用航空安全保卫工作实施统一管理、检查和监督。

（3）有关地方人民政府与民用航空单位应当密切配合，共同维护民用航空安全。

（4）旅客、货物托运人和收货人以及其他进入机场的人员，应当遵守民用航空安全管理的法律、法规和规章。

（5）民用机场经营人和民用航空器经营人应当履行下列职责：

1）制定本单位民用航空安全保卫方案，并报国务院民用航空主管部门备案；

2）严格实行有关民用航空安全保卫的措施；

3）定期进行民用航空安全保卫训练，及时消除危及民用航空安全的隐患。

与中华人民共和国通航的外国民用航空企业，应当向国务院民用航空主管部门报送民用航空安全保卫方案。

(6) 公民有权向民航公安机关举报预谋劫持、破坏民用航空器或者其他危害民用航空安全的行为。

(7) 对维护民用航空安全做出突出贡献的单位或者个人，由有关人民政府或者国务院民用航空主管部门给予奖励。

（二）机场的安全保卫

1. 民用机场开放使用安保条件

民用机场开放使用，应当具备下列安全保卫条件：

(1) 设有机场控制区并配备专职警卫人员；

(2) 设有符合标准的防护围栏和巡逻通道；

(3) 设有安全保卫机构并配备相应的人员和装备；

(4) 设有安全检查机构并配备与机场运输量相适应的人员和检查设备；

(5) 设有专职消防组织并按照机场消防等级配备人员和设备；

(6) 订有应急处置方案并配备必要的应急援救设备。

2. 机场控制区安保要求

机场控制区安全保卫工作应符合以下要求：

(1) 机场控制区应当根据安全保卫的需要，划定为候机隔离区、行李分检装卸区、航空器活动区和维修区、货物存放区等，并分别设置安全防护设施和明显标志。

(2) 机场控制区应当有严密的安全保卫措施，实行封闭式分区管理。具体管理办法由国务院民用航空主管部门制定。

(3) 人员与车辆进入机场控制区，必须佩戴机场控制区通行证并接受警卫人员的检查。

机场控制区通行证，由民航公安机关按照国务院民用航空主管部门的有关规定制发和管理。

(4) 在航空器活动区和维修区内的人员、车辆必须按照规定路线行进，车辆、设备必须在指定位置停放，一切人员、车辆必须避让航空器。

(5) 停放在机场的民用航空器必须有专人警卫；各有关部门及其工作人员必须严格执行航空器警卫交接制度。

3. 机场禁止行为

机场内禁止下列行为：

(1) 攀（钻）越、损毁机场防护围栏及其他安全防护设施；

(2) 在机场控制区内狩猎、放牧、晾晒谷物、教练驾驶车辆；

(3) 无机场控制区通行证进入机场控制区；

(4) 随意穿越航空器跑道、滑行道；

(5)强行登、占航空器；
(6)谎报险情，制造混乱；
(7)扰乱机场秩序的其他行为。

> **课堂小提示**
>
> 我国民用航空局规定：对于冲击值机柜台、登机口、机坪、跑道和滑行道，攻击民航工作人员等违反相关法律法规的违法行为，机场公安应快速出警、依法惩处。

（三）航空营运的安全保卫

航空器在飞行中的安全保卫工作由机长统一负责。航空安全员在机长领导下，承担安全保卫的具体工作。机长、航空安全员和机组其他成员，应当严格履行职责，保护民用航空器及其所载人员和财产的安全。

1. 机长的权力

机长在执行职务时，可以行使下列权力：

（1）在航空器起飞前，发现有关方面对航空器未采取规定的安全措施的，拒绝起飞；

（2）在航空器飞行中，对扰乱航空器内秩序，干扰机组人员正常工作而不听劝阻的人，采取必要的管束措施；

（3）在航空器飞行中，对劫持、破坏航空器或者其他危及安全的行为，采取必要的措施；

（4）在航空器飞行中遇到特殊情况时，对航空器的处置作最后决定。

2. 航空器内禁止行为

航空器内禁止下列行为：

（1）在禁烟区吸烟；
（2）抢占座位、行李舱（架）；
（3）打架、酗酒、寻衅滋事；
（4）盗窃、故意损坏或者擅自移动救生物品和设备；
（5）危及飞行安全和扰乱航空器内秩序的其他行为。

案例：偷拿飞机救生衣被拘留

（四）安全检查

乘坐民用航空器的旅客和其他人员及其携带的行李物品，必须接受安全检查；但是，国务院规定免检的除外。拒绝接受安全检查的，不准登机，损失自行承担。

安全检查人员应当查验旅客客票、身份证件和登机牌，使用仪器或者手工对旅客及其行李物品进行安全检查，必要时可以从严检查。已经安全检查的旅客应当在候机隔离区等待登机。

进入候机隔离区的工作人员（包括机组人员）及其携带的物品，应当接受安全检查。接送旅客的人员和其他人员不得进入候机隔离区。

除国务院另有规定的外，乘坐民用航空器的，禁止随身携带或者交运下列物品：

（1）枪支、弹药、军械、警械；

（2）管制刀具；

（3）易燃、易爆、有毒、腐蚀性、放射性物品；

（4）国家规定的其他禁运物品。

除规定的物品外，其他可以用于危害航空安全的物品，旅客不得随身携带，但是可以作为行李交运或者按照国务院民用航空主管部门的有关规定由机组人员带到目的地后交还。对含有易燃物质的生活用品实行限量携带。限量携带的物品及其数量，由国务院民用航空主管部门规定。

小资料：机场安检相关规定

模块小结

本模块讲述的是航空安保法律基础知识。民用航空安保法律是指为了预防和制止危害民航安全和秩序的违法犯罪行为，保障民航运输中的人员生命和财产安全，维护民航运输秩序而制定的各种法律文件的总和。民用航空安保法律的渊源分为国际法和国内法两部分。国际航空安保法律体系由《芝加哥公约》附件17、《东京公约》《海牙公约》《蒙特利尔公约》《蒙特利尔公约议定书1988、1991》五个公约所构成。我国民航安保法律体系主要有《刑法》《民用航空法》《治安管理处罚法》《民用航空安全保卫条例》《民用航空安全检查规则》等。

课后练习

【单选题】

1. 以下（　　）不是航空刑法的国际公约。
   A.《东京公约》　　　　　　　　B.《海牙公约》
   C.《芝加哥公约》　　　　　　　D.1971 年《蒙特利尔公约》

2. 下列不属于钝器的是（　　）。
   A. 扳手　　　B. 登山杖　　　C. 锤　　　D. 铁块

【多选题】

1. （　　）应划分为要害部位，并实施相应的航空安保措施。
   A. 塔台、区域管制中心　　　　　B. 导航设施
   C. 机场供油设施　　　　　　　　D. 机场主备用电源

2. 机场控制区根据安保需要，划分为候机隔离区、（　　）等。
   A. 行李分拣装卸区　　　　　　　B. 航空器活动区和维修区
   C. 货物存放区　　　　　　　　　D. 重点要害部位

【思考题】

1. 试述危害民用航空违法犯罪行为的危害性。
2. 我国民航安保法律体系是由哪些内容构成的？
3. 简述我国刑法规定的民用航空犯罪的规定。

案例分析

1983年5月5日上午10时49分,中国民航三叉戟296号客机从沈阳东塔机场起飞前往上海。机上共105人,其中机组人员9名,日本人3名。11时20分左右,飞机飞临渤海湾时,以卓长仁、安卫建为首的6名武装暴徒突然冲到驾驶舱门口,用枪猛射驾驶舱门锁,踢开舱门后持枪闯入驾驶舱对机组人员射击,当即将报务员和领航员打成重伤。紧接着,武装暴徒又用手枪逼迫机长和领航员立即改变航向,向韩国飞去。296号客机被迫降落在韩国的春川军用直升机机场,暴徒被迫缴械投降。

思考:(1)卓长仁犯的是什么罪?为什么?

(2)根据相关公约的规定,飞机的降落地国和飞机的国籍国将会如何处理此案?为什么?

课后实训

查找并分析我国民用航空违法犯罪事例

1. 实训目标

通过在网络或报纸杂志上查找我国民用航空违法犯罪案例,分析该案例是属于民用航空违法犯罪的哪些种类,以及当事人将承担的法律责任。

2. 实训准备

分小组训练,每组5~10人,分工合作,选取典型案例,查找资料,制作PPT。

3. 实训时间

学完本模块后由学生课下完成,时间为一周,做完后可以利用1课时组织学生交流。

4. 实训办法

(1)小组成员召开会议,进行讨论与分工。

(2)采用多种方法查找资料和案例,确保来源真实可靠有针对性。

(3)将查找的资料进行汇总整理。

5. 考核办法

每组派一位代表同学上台选取有代表性的案例进行讲解,表明自己的感想和看法。同时设置互动环节,请台下的同学针对台上同学讲解的内容进行提问,台上同学做出相应回答,活跃气氛。教师参与互动,然后根据各组PPT制作、课堂PPT讲解及互动情况对本次训练考核打分。

参考文献

[1] 马春婷. 民航法规基础教程 [M]. 北京：科学出版社，2018.

[2] 肖温雅，李小叶，赵艳博. 民航法规与实务 [M]. 北京：中国人民大学出版社，2019.

[3] 杨祖高. 民航法规与实务 [M]. 北京：国防工业出版社，2013.

[4] 崔祥建，吴菁，成宏峰. 民航法律法规与实务 [M]. 4版. 北京：旅游教育出版社，2016.

[5] 张晓明. 民航旅客运输 [M]. 3版. 北京：旅游教育出版社，2013.

[6] 刘让贤，晏初宏. 航空概论 [M]. 北京：航空工业出版社，2013.

[7] 赵旭望，秦永红. 民用航空法基础 [M]. 北京：科学出版社，2013.

[8] 魏亚波. 民用航空法实务 [M]. 北京：国防工业出版社，2014.

[9] 崔祥建，吴菁，成宏峰. 民航法律法规与实务 [M]. 3版. 北京：旅游教育出版社，2013.

[10] 许凌洁. 民航案例精析及纠纷防控 [M]. 北京：法律出版社，2016.

[11] 杨芳. 航空行李运输事故的处理与赔偿 [M]. 北京：中国民航出版社，2008.

[12] 郭莉. 民用航空法概论 [M]. 北京：航空工业出版社，2010.

[13] 董杜骄. 航空法案例评析 [M]. 北京：对外经济贸易大学出版社，2009.